Documento de Trabajo
Serie Unión Europea y Relaciones Internacionales
Número 149 / 2025

Evolución de la Política Exterior y de Seguridad Común de la Unión Europea.
Estudio del cambio a mayoría cualificada en el sistema de votación

Lorena Pérez Hernández

El Real Instituto Universitario de Estudios Europeos de la Universidad CEU San Pablo, Centro Europeo de Excelencia Jean Monnet, es un centro de investigación especializado en la integración europea y otros aspectos de las relaciones internacionales.

Los documentos de trabajo dan a conocer los proyectos de investigación originales realizados por los investigadores asociados del Instituto Universitario en los ámbitos histórico-cultural, jurídico-político y socioeconómico de la Unión Europea.

Las opiniones y juicios de los autores no son necesariamente compartidos por el Real Instituto Universitario de Estudios Europeos.

Los documentos de trabajo están también disponibles en: www.idee.ceu.es

Serie *Unión Europea y Relaciones Internacionales* de documentos de trabajo del Real Instituto Universitario de Estudios Europeos

Evolución de la Política Exterior y de Seguridad Común de la Unión Europea. Estudio del cambio a mayoría cualificada en el sistema de votación

CEU *Ediciones*
Julián Romea 18, 28003 Madrid
Teléfono: 91 514 05 73
Correo electrónico: ceuediciones@ceu.es
www.ceuediciones.es

Real Instituto Universitario de Estudios Europeos
Avda. del Valle 21, 28003 Madrid
www.idee.ceu.es

ISBN: 78-84-19976-82-6
Depósito legal: M-11092-2025

Maquetación: CEU Ediciones

Índice

INTRODUCCIÓN 5

CAPÍTULO I: LA POLÍTICA EXTERIOR Y DE SEGURIDAD COMÚN 8

    1. Evolución 8

        1.1. Evolución histórica 8

        1.2. Evolución en los Tratados 10

    2. Regulación actual 11

    3. Naturaleza 13

CAPÍTULO II: SISTEMA DE VOTACIÓN EN LA PESC 15

    1. Sistema actual de votación 15

    2. Análisis de la unanimidad 16

        2.1. Consecuencias de la unanimidad 16

        2.2. Motivaciones y causas del veto 18

    3. Alternativas a la unanimidad 20

        3.1. Abstención constructiva 20

        3.2. Mayoría cualificada 21

            3.2.1. Reforma de los Tratados 22

            3.2.2. Cláusulas *pasarela* 23

        3.3. Cooperación reforzada 24

CAPÍTULO III: ANÁLISIS DEL CAMBIO A MAYORÍA CUALIFICADA EN LA PESC 26

    1. Ventajas y desventajas 26

        1.1. Argumentos a favor 26

            1.1.1. Beneficios de la mayoría cualificada 26

            1.1.2. Necesidad del cambio a mayoría cualificada 27

        1.2. Argumentos en contra 29

            1.2.1. Asuntos sensibles e intereses distintos 29

            1.2.2. Reticencias de los Estados pequeños 29

            1.2.3. Pérdida de unidad y de legitimidad 30

2. Posición de los Estados Miembros 32

    2.1. Estados Miembros a favor 32

    2.2. Estados Miembros en contra 35

    2.3. ¿Cómo convencer a los Estados Miembros? 37

CONCLUSIONES 39

BIBLIOGRAFÍA 41

Introducción

La Unión Europea (UE) es una unión económica y política compuesta por 27 países europeos que, si bien comenzó como un proyecto eminentemente económico, se ha convertido en un actor muy relevante a nivel internacional, siendo el mayor bloque comercial del mundo, el mayor donante, junto con sus Estados Miembros, de ayuda al desarrollo y humanitaria, y una potencia regulatoria con el poder de fijar estándares a nivel mundial (el llamado *efecto Bruselas*[1]). Sin embargo, no ha alcanzado a desarrollar todo su potencial en el terrero de la política exterior.

La UE se dotó de una Política Exterior y de Seguridad Común (PESC) con los objetivos de mantener la paz, reforzar la seguridad internacional, fomentar la cooperación internacional y desarrollar y consolidar la democracia, el Estado de Derecho y el respeto de los Derechos Humanos y las libertades fundamentales (artículo 21 del Tratado de la UE). No obstante, en muchas ocasiones, la PESC se ha mostrado ineficiente debido a que la UE "no llega en tiempo y forma a adoptar decisiones operativas en política exterior, de seguridad y defensa" (Núñez, 2023), dificultando la consecución de estos objetivos.

Que, como unión de 27 Estados, a la UE le resuelte a menudo difícil reaccionar rápida y eficazmente a las crisis y desafíos internacionales, se debe a que las decisiones en la PESC se adoptan por unanimidad, es decir, todos los Estados Miembros deben aceptar una propuesta para que sea aprobada. El desarrollo de una PESC cohesionada también ha sido siempre una tarea difícil para la UE, lo que le dificulta para afianzar su perfil como un actor internacional creíble.

Ante el clima geopolítico internacional y un mundo cada vez más hostil, es más evidente la necesidad de un proceso de toma de decisiones más rápido y efectivo para la PESC, que permita mejorar la capacidad de actuar de la UE en la escena internacional, y esto ha provocado que el debate de eliminar la unanimidad y pasar a la mayoría cualificada resurja con fuerza. Efectivamente, el cambio de la votación por unanimidad a mayoría cualificada en la PESC ha estado sobre la mesa desde sus orígenes, pero recientemente se ha intensificado a raíz de la guerra de Rusia contra Ucrania y al reabrirse otro de los debates europeos, la próxima ampliación. Y, como es de sobra conocido, la integración europea avanza más rápido cuando ocurren crisis, tal y como decía uno de los padres fundadores de la UE, Jean Monnet, en su famosa frase "Europa se forjará en las crisis y será la suma de las soluciones adoptadas para afrontar esas crisis".

Pregunta de investigación

Ante lo descrito anteriormente, el presente trabajo de investigación pretende analizar si se dan las condiciones para que se lleve a cabo el cambio de la unanimidad a la votación por mayoría cualificada en la PESC, lo que contribuiría a una UE más rápida y eficaz en política exterior y, con ello, avanzar hacia una mayor integración europea. En concreto, la pregunta de investigación de este trabajo es la siguiente: ¿es posible el cambio de la regla de la unanimidad a la votación por mayoría cualificada en la PESC? y, en tal caso, cómo se podría implementar este cambio y qué implicaciones conllevaría.

Para poder responder a estas preguntas, es necesario evaluar la cuestión desde dos perspectivas: una perspectiva jurídica, examinando las posibles opciones que se contemplan en los Tratados de la UE para que se pueda implementar dicho cambio, y otra perspectiva política, evaluando el nivel de apoyo o rechazo por parte de los Estados Miembros a abandonar la unanimidad en la PESC. Esto nos servirá para averiguar la viabilidad del cambio en el sistema de votación en política exterior y, así, poder dar respuesta a nuestra pregunta de investigación.

Cabe indicar que, si bien el presente trabajo trata sobre la PESC, en la que está incluida la Política de Seguridad y Defensa Común (PSDC), se centra en especial en la política exterior de la UE. Esto es debido a la necesidad de acotar el objeto de estudio de este trabajo y a que, como se deduce a lo largo del presente trabajo, el margen de maniobra para avanzar en la integración europea es menor en la PSDC que en la PESC. Además, se debe tener en

---

1   El Efecto Bruselas (o *Brussels effect*) es un término acuñado en 2012 por la profesora Anu Bradford, refiriéndose a que la UE manda en el mundo a través de su poder regulatorio y al establecer estándares internacionales.

cuenta que la defensa europea actualmente depende en gran medida de la Organización del Tratado del Atlántico Norte (OTAN) (y, por ende, de Estados Unidos), donde se exige unanimidad para la toma de decisiones en el Consejo Atlántico.

Hipótesis y metodología de investigación

A través de un razonamiento deductivo, este trabajo pretende demostrar las siguientes hipótesis:

- La unanimidad lastra la eficacia de la política exterior de la UE, y la mayoría cualificada contribuiría a hacerla más ágil y eficiente. Para comprobar esta hipótesis, se realiza una revisión exhaustiva de informes y literatura académica donde se analiza el uso del veto y sus consecuencias negativas para el funcionamiento de la PESC.

- El cambio a la mayoría cualificada en la PESC es viable es tanto que los Tratados de la UE contienen mecanismos que permitirían realizar el paso a la mayoría cualificada, y la coyuntura y el contexto internacional actuales facilitarían y justificarían el cambio. Para comprobar esta hipótesis, se explora el marco normativo vigente (Tratado de la UE (TUE) y Tratado de Funcionamiento de la UE (TFUE)) y las declaraciones y posiciones de los Estados Miembros.

Estructura

Para dar respuesta a las preguntas de investigación y argumentar las hipótesis planteadas, se analizará la PESC desde una perspectiva histórica, jurídica y política.

Para ello, en el primer capítulo se expondrá el desarrollo histórico de la PESC y cómo ha ido evolucionando con los sucesivos Tratados de la UE hasta la actualidad. Esto nos ayudará a entender la compleja y especial naturaleza de esta política desde sus orígenes hasta hoy en día, que también se abordará en este capítulo.

En el segundo capítulo, se analizará el sistema actual de votación de la PESC, que se rige por la regla de la unanimidad, y se estudiarán las consecuencias y motivaciones del uso del derecho de veto que tienen los Estados Miembros en virtud de la unanimidad y cómo afecta a la política exterior de la UE, con ejemplos para una mejor comprensión. A continuación, se detallarán y explicarán las diversas alternativas a la misma y sus implicaciones.

En el tercer, y último capítulo, se valorarán los argumentos a favor y en contra del cambio a mayoría cualificada, lo que nos permitirá ahondar en las implicaciones y repercusiones que entraña este cambio. Seguidamente, se mostrarán las posiciones de los distintos Estados Miembros respecto al tema en cuestión.

Por último, el trabajo finalizará con una serie de conclusiones donde se comprobarán las hipótesis y se dará respuesta a las preguntas de investigación antes planteadas.

Fuentes y dificultades

Para realizar este trabajo se han utilizado tanto fuentes primarias como secundarias. Por un lado, respecto a las fuentes primarias: se han empleado, como instrumentos fundamentales, el TUE y el TFUE, además de los recursos puestos a disposición por las instituciones europeas, tanto para explicaciones teóricas, sobre la evolución histórica y jurídica de la PESC y de los elementos que la componen, como para declaraciones y comunicaciones oficiales. Para esto último también se ha recurrido a las páginas webs oficiales de los gobiernos de los Estados Miembros. Por otro lado, se han utilizado como fuentes secundarias: libros, informes y artículos académicos procedentes de revistas o *think tanks* especializados en la UE, lo que ha contribuido a una mejor comprensión del tema y a profundizar sobre sus múltiples aristas. Destaco de entre todos ellos, los informes de los servicios de investigación del Parlamento Europeo, en especial el realizado por Wessel y Szép (2022) sobre la implementación del artículo 31 del TUE y la mayoría cualificada.

La principal dificultad para la elaboración de este trabajo ha sido encontrar fuentes para consultar las posiciones y opiniones de los distintos Estados Miembros. Algunos gobiernos sí se han pronunciado de manera oficial en sus páginas webs oficiales, para otros se ha necesitado recurrir a medios de comunicación a nivel europeo, como euronews, Euractiv o Político y, en otros casos, a medios de comunicación nacionales. Además, en algunos países ha habido cambio de gobierno recientemente, lo que ha dificultado esta tarea.

En esta línea, otra de las dificultades ha sido encontrar información sobre el uso del veto, dado que este tipo de información suele proceder de declaraciones y comentarios informales durante el periodo de negociación y reuniones del Consejo, o de fuentes diplomáticas, por lo que se ha recurrido a los medios de comunicación antes citados y a los casos abordados en las fuentes secundarias consultadas.

Capítulo I. La Política Exterior y de Seguridad Común

1. Evolución

1.1. Evolución histórica

Para entender la configuración de la PESC en la actualidad y los problemas que de ella derivan, hay que remontarse a sus orígenes a fin de comprender la naturaleza y las peculiaridades de esta política. Los intentos iniciales para conseguir una cooperación en política exterior se remontan a los propios orígenes del proceso de integración europeo. La PESC ha ido gestándose desde los años 50 de forma paralela tanto al proceso de integración económica de la UE como al contexto y a los acontecimientos internacionales.

Así, a principios de los años 50, mientras se estaban llevando a cabo las negociaciones para la creación de la Comunidad Europea del Carbón y del Acero[2] (CECA), germen de la actual UE, se produjo el estallido de la guerra de Corea en el contexto de la Guerra Fría. Debido a la amenaza soviética y la presión por parte de Estados Unidos (que se había comprometido con la defensa europea con la firma del Tratado del Atlántico Norte en 1949 que creaba la OTAN) para el rearme europeo, hizo que ya se empezase a plantear el rearme de Alemania tras el final de Segunda Guerra Mundial. Por ello, el primer ministro francés René Pleven propuso, bajo la misma lógica supranacional[3] de la CECA, la creación de una Comunidad Europea de la Defensa (CED) con el objetivo de construir un ejército europeo integrando a soldados alemanes, bajo el mando común de un ministro europeo de la defensa. Para completar la vertiente política de la CED, el primer ministro italiano Alcide de Gasperi propuso la creación de una Comunidad Política Europea (CPE), una organización política con una autoridad supranacional para la formación de una política exterior común. Sin embargo, estas dos propuestas, muy ambiciosas y con un marcado carácter federalista, fracasaron debido al rechazo en 1954 por la Asamblea Nacional francesa de la ratificación del Tratado de la CED que había llegado a firmarse en 1952 (Beneyto y Becerril, 2001: 92 y 93).

"La experiencia de la CED y la CPE ponía de manifiesto las dificultades existentes para trasladar la integración al terreno político" (Beneyto y Becerril, 2001: 94) y las ambiciones europeas relativas a la cooperación en política exterior y en defensa se diluyeron, quedando la defensa europea bajo la protección de Estados Unidos a través de la OTAN y de la Unión Europea Occidental[4], a la que, tras el fracaso de la CED, se unieron Alemania (la República Federal Alemana) e Italia en 1954.

Los esfuerzos entonces se centraron en el avance de la integración económica. En 1957 se firmó el Tratado de Roma constituyendo la Comunidad Económica Europea (CEE) y la Comunidad Europea de la Energía Atómica (EURATOM) que, si bien no contenía ninguna referencia directa sobre política exterior, sí se asignaban algunas competencias a la CEE en el ámbito de la acción exterior, como la Política Comercial Común o la conclusión de Acuerdos de Asociación (Wessel y Szép, 2022).

---

2   El Tratado constitutivo de la CECA se firmó por los seis Estados fundadores, Francia, Alemania, Italia, Bélgica, Holanda y Luxemburgo, el 18 de abril de 1951 y fue ratificado el 23 de julio de 1951. Antes, el 9 de mayo de 1950, Schuman pronunció su famosa e importante declaración "germen de la filosofía que daría origen a las Comunidades Europeas", conocida como la Declaración Schuman (Beneyto y Becerril, 2001: 88-91).

3   La CECA, que estaba encargada de administrar el mercado común del carbón y del acero, constituye "una organización europea supranacional" en tanto que supone la cesión de ciertos derechos soberanos a una Alta Autoridad supranacional, independiente de los gobiernos, cuyas decisiones se adoptan por la regla de la mayoría y está bajo el control de un Tribunal de Justicia. Con esto, se pretendía superar la mera cooperación intergubernamental, que es la forma tradicional de colaboración entre los Estados, que no supone una cesión de soberanía a una institución común al adoptarse las decisiones por unanimidad (lo que garantiza a cada Estado el derecho de veto) y no se establecen poderes coactivos, como un Tribunal de Justicia de competencia obligatoria (Beneyto y Becerril, 2001: 88-92).

4   Antes, en 1947, se firmó entre Francia y Reino Unido el Tratado de Dunkerque como alianza defensiva y pacto de asistencia mutua en caso de una nueva amenaza de Alemania después de la Segunda Guerra Mundial. La Unión Europea Occidental (UEO), una alianza militar regional que se puede considerar como el embrión de la defensa común europea, fue creada por el Tratado de Bruselas en 1948 por Bélgica, Francia, Luxemburgo, Países Bajos y Reino Unido, a la que se unieron, tras el fracaso de la CED, Italia y la República Federal Alemana en 1954 para permitir su progresivo alineamiento y acceso a la OTAN. Posteriormente se unieron otros países (España, Portugal y Grecia). Finalmente, la UEO se disolvió en 2011 (Mestres, 2019; EUR-Lex, s.f. a).

No obstante, sí hubo otros intentos para lograr una cooperación en política exterior, como fueron los dos planes Fouchet en 1961 y 1962 propuestos por el presidente francés Charles de Gaulle con el objetivo de conseguir una Europa más independiente de Estados Unidos y crear una unión política intergubernamental. De Gaulle, contrario a que se aplicase la lógica supranacional de las Comunidades Europeas a la esfera política, propuso una Unión Política de los Estados, basada en una cooperación interestatal, guiada por los jefes de Estado y de Gobierno de los Estados, con una política exterior y de defensa común. Esta propuesta fracasó al encontrarse con la oposición del resto de los Estados Miembros de la CEE por temor al debilitamiento de la Comunidad y de la OTAN (Beneyto y Becerril, 2001: 100).

Hubo un nuevo impulso en la integración europea tras el cambio de gobierno en Francia, con el nuevo presidente Georges Pompidou. En la Cumbre de la Haya en 1969, los jefes de Estado y de Gobierno se comprometieron a avanzar hacia una mayor coordinación política entre ellos. El Informe Davignon de 1970 proponía incrementar la cooperación política entre los Estados a través de reuniones semestrales de los ministros de asuntos exteriores en las que consultar y coordinar sus políticas exteriores. Así nacía la Cooperación Política Europea (CPE) como una cooperación informal intergubernamental, donde las decisiones se adoptaban por consenso entre los seis Estados fundadores, quienes retenían el control de sus políticas exteriores y no se transfería competencias sobre la materia a las Comunidades Europeas, y precursora de la PESC (Beneyto y Becerril, 2001: 103; Schuette, 2019; Wessel y Szép, 2022).

En la Cumbre de París de 1974, los Estados se comprometieron a una mayor cooperación política al más alto nivel mediante la regularización de las Cumbres de los Jefes de Estado y de Gobierno, que se reunirían tres veces al año para tratar asuntos relevantes de política exterior, creándose el Consejo Europeo (Guinea, 2020: 41).

Ante el contexto internacional en el que tuvieron lugar diversas crisis internacionales (como la guerra del Yom Kippur en 1973, la invasión soviética de Afganistán y la revolución islámica en Irán en 1979, la aplicación de la Ley Marcial en Polonia en 1981, la guerra de las Malvinas en 1982), se produjeron diversas iniciativas y planes con el fin de impulsar la CPE, entre las que destaca el plan Genscher-Colombo de 1981 por el que los ministros de exteriores de Alemania e Italia propusieron un proyecto de Acta Europea, con el fin de extender el papel de las instituciones europeas en la CPE. Si bien esta iniciativa no se adoptó, condujo a la Declaración Solemne sobre la Unión Europea de Stuttgart de 1983, en la que los Estados se comprometían a avanzar en el proceso de construcción europeo hacia una Unión Europea y a reforzar la cooperación política.

La CPE se mantenía como una cooperación informal entre los Estados Miembros, hasta que, por fin, se codificó en 1986 en el Acta Única Europea (AUE). Con ello, el AUE codificó el Consejo Europeo, creó una Secretaría de la CPE en Bruselas y también establecía que las acciones exteriores de las Comunidades Europeas y la política exterior de la CPE debían ser coherentes. No obstante, la CPE seguía manteniéndose plenamente intergubernamental, previéndose la adopción de decisiones por unanimidad y excluida del ámbito competencial del Tribunal de Justicia Europeo (Beneyto y Becerril, 2001: 109).

La cristalización de la política exterior de la UE llegaría a principios de los años 90 cuando se convocó la Conferencia Intergubernamental para la Unión Política. Si bien esta conferencia estaba destinada a llevar a cabo las reformas necesarias para la consecución de la Unión Económica Monetaria, el contexto internacional hizo que la reforma que estaba en marcha también abarcara el ámbito político. La caída del muro de Berlín en 1989 y el fin de la Guerra Fría en 1991, que conllevó el fin de los regímenes comunistas en Europa Central y del Este, el surgimiento de las nuevas democracias y la reunificación alemana, junto con la grave crisis en la antigua Yugoslavia, pusieron fin al orden bipolar internacional vigente hasta el momento e hizo que fuera necesario que la CEE se convirtiera en un actor internacional más relevante y creíble, que fuera capaz de mantener la paz y la seguridad del continente europeo que, en ese momento, estaba en peligro, y con ello, la necesidad de "avanzar hacia una verdadera política exterior y de seguridad común que pudiese responder con eficacia al nuevo panorama internacional" (Beneyto y Becerril, 2001: 113).

1.2. Evolución en los Tratados

La Conferencia Intergubernamental para la Unión Política dio lugar a la firma del Tratado de Maastricht en 1992[5] o también llamado Tratado de la Unión Europea (TUE), que constituía una nueva entidad política de naturaleza *sui generis*[6], la Unión Europea, y creaba una estructura basada en tres pilares: el primer pilar formado por las Comunidades Europeas, compuesto por las políticas comunes (como la política comercial o el mercado interior) y dominado por la supranacionalidad; el segundo pilar, cubriendo a la CPE, que evolucionó y pasó a denominarse Política Exterior y de Seguridad Común (PESC); y el tercer pilar de Cooperación en Asuntos de Justicia e Interior. El segundo y tercer pilar consistían en una mera cooperación intergubernamental (sujetos a la unanimidad, con el predominio del Consejo (institución de representación estatal) y excluidos del control del Tribunal de Justicia Europeo). La razón principal de la estructura de tres pilares fue precisamente la de evitar la aplicación de la lógica supranacional a la PESC, que siguió manteniendo su carácter intergubernamental, pero fue, no obstante, "un importante paso en el proceso de integración" (Beneyto y Becerril, 2001: 119) ya que comprometía a los Estados Miembros a desarrollar una política exterior común y a apoyar a la PESC "activamente y sin reservas, con espíritu de lealtad y solidaridad mutua", según el propio Tratado.

Por lo que, el Tratado de Maastricht instauró por primera vez la PESC "con el objetivo de preservar la paz, reforzar la seguridad internacional, fomentar la cooperación internacional y desarrollar y consolidar la democracia, el Estado de Derecho y el respeto de los derechos humanos y las libertades fundamentales" (Malovec, 2023) y respondió al deseo de que la UE hablase con una sola voz.

Sin embargo, las guerras desencadenadas tras el desmembramiento de la antigua Yugoslavia durante los años 90, pusieron en evidencia la impotencia, división y dependencia de la UE de Estados Unidos. Además, la PESC también adolecía de los instrumentos, recursos y marco institucional necesarios para poder hacer frente de forma adecuada a los desafíos de la escena internacional. Por lo que el funcionamiento de la PESC durante los primeros años no fue "tan satisfactorio como los Estados Miembros podían esperar de su acción común" (EUR-Lex, s.f. b), generándose, lo que el profesor Christopher Hill llamó *"Capability- Expectations Gap"*[7], es decir, la discrepancia entre una retórica y pretensiones grandilocuentes y poco contenido, debido a la falta de recursos y medios adecuados y a la incapacidad de los Estados Miembros de ponerse de acuerdo, lastrando la política exterior de la UE (Shuette, 2019), lo que llega hasta nuestros días.

Esto evidenció la necesidad de reforzar la PESC, a lo que estuvo encaminada la Conferencia Intergubernamental de 1996 que condujo a la firma del Tratado de Ámsterdam, en el que se introdujeron reformas institucionales para mejorar la eficacia de la PESC. En este sentido:

> "El Tratado de Ámsterdam se esfuerza por superar las contradicciones que existen entre los objetivos comunes de la PESC, especialmente ambiciosos, y los medios de los que la Unión se ha dotado para alcanzarlos, que no parecen estar a la altura de las expectativas y de los retos que se plantean" (EUR-Lex, s.f. b).

El Tratado de Ámsterdam fue firmado en 1997[8] e introdujo una serie de innovaciones encaminadas a flexibilizar el proceso de toma de decisiones que, aunque mantenía la regla de la unanimidad, introducía el voto por mayoría cualificada en casos muy específicos para asuntos de la PESC y la posibilidad de la abstención constructiva (ver apartado 3.1). También creó el puesto de Alto Representante[9] para la PESC (para asistir al Consejo en materia de

---

5   El Tratado de Maastricht o Tratado de la Unión Europea fue firmado el 7 de febrero de 1992 y entró en vigor el 2 de noviembre de 1993.

6   La UE es una entidad de difícil catalogación, tanto desde el punto de vista jurídico como político. No es una organización internacional al uso, pero tampoco se puede considerar como una unión federal. La UE es una unión supranacional de Estados (Beneyto y Becerril, 2001: 114).

7   Christopher Hill, profesor emérito de la Universidad de Cambridge, formuló en 1993 el teorema de la "brecha capacidad-expectativas" (*"Capability- Expectations Gap"*) con el objetivo de "observar las funciones que la Comunidad Europea podría estar cumpliendo en el sistema internacional, sino también a las percepciones que terceros tienen de su papel". Por capacidades se refería a los instrumentos convencionales (por ejemplo, la diplomacia), los recursos (por ejemplo, el poder económico) y la coherencia ("la capacidad de tomar decisiones y aferrarse a ellas"). Por expectativas se refería a "aquellas ambiciones o exigencias del comportamiento internacional de la UE que se derivan tanto del interior como del exterior de la Unión". "Hill concluyó que se había abierto una brecha entre las capacidades externas de la UE y las expectativas puestas en ella" (Bendiek et al., 2020: 6).

8   El Tratado de Ámsterdam se firmó el 2 de octubre de 1997 y entró en vigor el 1 de mayo de 1999.

9   El primer Alto Representante para la PESC fue el español Javier Solana, que era el Secretario General del Consejo. Desarrolló un papel pionero como Alto Representante para la PESC del 1999 al 2009, y se le apodó con el sobrenombre de "Mr. PESC".

política exterior y poner cara a la política exterior de la UE), el instrumento de las estrategias comunes[10] y, dentro del ámbito de la PESC, la Política Europea de Seguridad y Defensa (con el objetivo de emprender misiones militares independientes).

Por su parte, el Tratado de Niza de 2001[11], aunque no supuso un avance en la PESC tan sustancial como el Tratado de Ámsterdam, amplió la mayoría cualificada para algunos casos concretos más en la PESC, extendió el mecanismo de cooperación reforzada (ver apartado 3.3), que fue establecido en el Tratado de Ámsterdam, al ámbito de la PESC, exceptuando asuntos de defensa, y creó el Comité Político y de Seguridad[12] (Guinea, 2020: 220; EUR-Lex, s.f. c).

2. Regulación actual

El Tratado de Lisboa de 2007[13] introdujo una serie de reformas que tuvieron un impacto importante en la PESC y, en virtud del artículo 47 del TUE[14], dotó a la UE de personalidad jurídica propia, capacitándola para celebrar acuerdos internacionales y participar en organizaciones internacionales (EUR-Lex, s.f. d).

Por un lado, el Tratado de Lisboa crea una estructura institucional para la acción exterior de la UE con el objetivo de mejorar la eficacia, visibilidad y coherencia en materia de la PESC. Por eso, transformó el puesto de AR en Alto Representante de la UE para Asuntos Exteriores y Política de Seguridad, quien a la vez ejerce de Vicepresidente de la Comisión Europea (AR/VP –o HR/VP por las siglas en inglés de *High Representative and Vice President*–) y también preside el Consejo de Asuntos Exteriores (formado por los ministros de exteriores de los Estados Miembros), aunando en un solo puesto al AR, al Secretario General del Consejo y al anterior Comisario de Asuntos Exteriores. Este *doble sombrero* del AR, entre el Consejo y la Comisión, le permite coordinar y mejorar la coherencia de todas las dimensiones de la política exterior de la UE, esto es, entre las políticas internas con dimensión externa, las políticas de acción exterior de la UE y la PESC.

Además, crea el servicio diplomático propio de la UE, el Servicio Europeo de Acción Exterior (SEAE), para asistir al AR en la implementación de la PESC (Shuette, 2019) y establece la figura del presidente permanente del Consejo Europeo[15] (actualmente, Charles Michel). Por otro lado, el Tratado de Lisboa introduce las denominadas cláusulas *pasarelas* (ver apartado 3.2.2) para facilitar el abandono progresivo de la unanimidad y la posible extensión de la mayoría cualificada.

En el ámbito de la defensa, crea la actual Política de Seguridad y Defensa Común (PSDC), extiende la cooperación reforzada a asuntos militares e introduce la cláusula de defensa mutua (artículo 42.7 del TUE) en caso de que un Estado Miembro sufra un ataque armado en su territorio y la cláusula de solidaridad (artículo 222 del TFUE) en caso de ataque terrorista o desastre natural o de origen humano.

Si bien el Tratado de Lisboa elimina la estructura de los tres pilares creada en el Tratado de Maastricht y extiende el uso de la mayoría cualificada a otras áreas[16] –algunas de ellas relacionadas o con estrecho vínculo con la PESC–,

---

10   El Consejo Europeo, como organismo que define los principios y las orientaciones generales de la PESC, determina por consenso las estrategias comunes en los ámbitos en los que los Estados miembros tienen intereses comunes importantes, y precisando los objetivos, duración y medios aportados por la Unión y los Estados Miembros. La aplicación de las estrategias comunes, por medio de acciones y de posiciones comunes, corresponde al Consejo, que actúa por mayoría cualificada (una de las excepciones a la unanimidad contemplado en el artículo 31.2 TUE) y está habilitado también para recomendar estrategias comunes al Consejo Europeo (EUR-Lex, s.f. b).

11   El Tratado de Niza se firmó el 26 de febrero de 2001 y entró en vigor el 1 de febrero de 2003.

12   El Comité Político y de Seguridad viene regulado en el artículo 38 del TUE y está compuesto por un embajador de cada Estado Miembro y sus funciones son el seguimiento de la evolución de la situación internacional en el ámbito de la PESC, contribuir a elaborar las políticas dentro de la PESC y a supervisar su ejecución (EUR-Lex, s.f. c).

13   El Tratado de Lisboa fue firmado el 13 de diciembre de 2007 y entró en vigor el 1 de diciembre de 2009.

14   Artículo 47 del TUE. La Unión tiene personalidad jurídica.

15   Antes, la presidencia del Consejo Europeo (que reúne los Jefes de Estado y de Gobierno) rotaba cada seis meses entre los Estados Miembros de la UE.

16   El Tratado de Lisboa amplió el uso de la votación por mayoría cualificada, introduciéndola en áreas como los controles fronterizos externos, el asilo e inmigración, la cooperación judicial, la cooperación policial, la creación de derechos de propiedad intelectual europeos, la política espacial, la política energética y la ayuda humanitaria (Nováky, 2021).

sigue manteniendo a la PESC como una política intergubernamental regida por "reglas y procedimientos especiales" (artículo 24 TUE), entre ellas, la unanimidad[17].

Es más, el artículo 40 del TUE incide en que "la ejecución de la PESC no afectará a la aplicación de los procedimientos y al alcance respectivo de las atribuciones de las instituciones establecidos en los Tratados para el ejercicio de las competencias de la Unión mencionadas en los artículos 3 a 6 del Tratado de Funcionamiento de la UE (TFUE) [artículos que recogen las competencias exclusivas, compartidas, y de apoyo, coordinación y complementariedad-de la UE]". Es decir, la PESC, que se encuentra recogida en el TUE, está regulada de forma separada y diferenciada respecto de las políticas de acción exterior de la UE (política comercial común, cooperación al desarrollo, ayuda humanitaria, sanciones, acuerdos internacionales) que están establecidas en el TFUE, siendo el único ámbito que se encuentra repartido entre los dos Tratados, lo que se denomina como la *personalidad dividida* de la UE, debido a que el régimen constitucional para los asuntos exteriores está dividido entre el TUE y el TFUE (Navarra et al., 2023). Esta diferencia entre la PESC y otras políticas de acción exterior de la UE implica principalmente diferencias respecto a los procedimientos en la toma de decisiones, el papel de las instituciones europeas y la naturaleza de los actos que se aprueban (Wessel y Szép, 2022).

Por una parte, aquellas políticas de acción exterior de la UE que se encuentran recogidas en el TFUE (en la quinta parte del TFUE: acción exterior de la UE) se rigen por el método comunitario, esto es, el proceso de toma de decisiones sigue el procedimiento legislativo ordinario, o también llamado de codecisión, en el que la Comisión Europea tiene la iniciativa legislativa para proponer legislación, que debe ser adoptada por el Consejo (que en la mayoría de las políticas actúa por mayoría cualificada) y el Parlamento Europeo, como colegisladores. Además, en el método comunitario, la Comisión Europea y el Tribunal de Justicia de la UE (TJUE) se encargan de garantizar que los Estados Miembros cumplan las decisiones adoptadas. De esta forma se adoptan las decisiones sobre las políticas que se encuentran en el marco de la acción exterior de la UE y las políticas internas que tienen una dimensión exterior, como, por ejemplo, la dimensión externa de la política migratoria o de la política energética (Nováky, 2021; Schuette, 2019).

Por otra parte, la PESC se encuentra regulada en el TUE y se rige por el método intergubernamental. En este caso, según el artículo 26 del TUE, las decisiones son adoptadas por unanimidad, salvo limitadas excepciones, en el Consejo de Asuntos Exteriores (el Consejo de la UE en su formación de ministros de asuntos exteriores), basándose en las directrices del Consejo Europeo (formado por los Jefes de Estado o de Gobierno de los Estados Miembros). Las decisiones que se adoptan bajo el método intergubernamental no tienen naturaleza de actos legislativos, son "decisiones no legislativas" (EUR-Lex, s.f. j), quedando excluida la adopción de legislación en el ámbito de la PESC. Por lo que las decisiones adoptadas son políticamente vinculantes, pero no tiene implicaciones jurídicas directas sobre los Estados Miembros, es decir, no son jurídicamente vinculantes.

Además, la PESC es ejecutada por el AR y por los Estados Miembros, mientras que la Comisión Europea, el Parlamento Europeo y el TJUE tienen un papel muy limitado en materia de la PESC. De esta forma se adoptan las decisiones sobre la PESC, como el establecimiento de una misión civil o militar de la PSDC, adopción de sanciones[18] o de la posición de la UE en cuestiones importantes de la política exterior (Bendiek et al., 2020: 4; Nováky, 2021; Schuette, 2019).

Estas son las reglas y procedimientos a las que se refiere el artículo 24.1 del TUE cuando indica que "la PESC se regirá por reglas y procedimientos específicos", lo que deja ver la naturaleza diferente y especifica de la PESC,

---

17   El Tratado de Lisboa mantiene la unanimidad también para otras políticas que se siguen considerando especialmente sensibles por los Estados Miembros. El Consejo vota por unanimidad: "la PESC (con determinadas excepciones), la ciudadanía (concesión de nuevos derechos a los ciudadanos de la UE), la adhesión a la UE, la armonización de las legislaciones nacionales sobre fiscalidad indirecta, las finanzas de la UE (recursos propios, marco financiero plurianual), determinadas disposiciones en el ámbito de la justicia y los asuntos de interior (fiscal europeo, Derecho de familia, cooperación policial operativa, etc.) y la armonización de las legislaciones nacionales en el ámbito de la seguridad social y de la protección social" (Consejo Europeo y Consejo de la UE, s.f. c).

18   No obstante, en la adopción de sanciones económicas (o medidas restrictivas, según la terminología oficial de la UE) están implicados los dos métodos ya que el método intergubernamental se aplica para la decisión política de aprobación de sanciones para lo cual se exige unanimidad en el Consejo (artículo 29 del TUE), pero la implementación de las mismas sigue el método comunitario (artículo 215 del TFUE), lo que supone, entre otras cosas, que la adopción del reglamento de aplicación de las sanciones pueda ser aprobado por mayoría cualificada en el Consejo -y, con ello, pasa a ser legislación formal, por tanto, vinculante para los Estados Miembros- (Consejo Europeo y Consejo de la UE, s.f. a). Las sanciones económicas ilustran la *personalidad dividida* de la UE.

menos integrada y controlada por los Estados Miembros, que consideran que está estrechamente relacionada con su soberanía nacional.

3. Naturaleza

Conviene aclarar la naturaleza de la PESC que, como se ha podido observar hasta el momento, es compleja. De hecho, la PESC no se trata de una competencia ni exclusiva ni compartida de la UE, sino que se ha creado una categoría especial[19]: se trata de una competencia específica (EUR-Lex, s.f. e). Como aclara Marise Cremona, jurista especializada en Derecho de la UE "la PESC pretende ser una política de la Unión, distinta (aunque en armonía con) las políticas exteriores de sus Estados Miembros. No se trata simplemente de una coordinación de la política de los Estados Miembros; más bien, los Estados Miembros deben apoyar la política de la Unión[20]" (Wessel y Szép, 2022). Por lo que la PESC no pretende sustituir o eliminar la política exterior nacional de cada Estado Miembro, sino coexistir junto a éstas, armonizando las posturas de los distintos Estados Miembros ante crisis y desafíos internacionales, permitiendo a la UE actuar y expresar su posición en la escena internacional. Es más, la PESC busca que "la UE pueda desarrollar una acción e influjo mayor que el que pueden desplegar individualmente cada uno de sus Estados" y así "compensar la pérdida relativa de influencia de sus Estados en relación a otras superpotencias globales" (Arrufat, s.f.).

Sin embargo, son los Estados Miembros, a través de las decisiones adoptadas en el Consejo, los que marcan la PESC y, hasta el momento, nunca han querido transferir competencias a la UE en política exterior (Keukeleire y Delreux, 2022; Arrufat, s.f.), como muestran las declaraciones nº13 y nº14 relativas a la PESC del Acta Final de la Conferencia Intergubernamental que adoptó el Tratado de Lisboa:

> Declaración nº13: "La Conferencia destaca que las disposiciones del Tratado de la Unión Europea relativas a la PESC [y a la PSDC], como la creación del cargo de AR y [...] de un SEAE, se entenderán sin perjuicio de las responsabilidades de los Estados miembros, en su estado actual, para la formulación y dirección de su política exterior y sin perjuicio de su representación nacional en terceros países y organizaciones internacionales".

> Declaración nº14: "[...] la Conferencia subraya que las disposiciones referentes a la PESC [y a la PSDC], incluido lo relativo al AR y al SEAE, no afectarán a las bases jurídicas, responsabilidades y competencias existentes de cada Estado miembro en relación con la formulación y conducción de su política exterior, su servicio diplomático nacional, sus relaciones con terceros países y su participación en organizaciones internacionales, incluida la pertenencia de un Estado miembro al Consejo de Seguridad de las Naciones Unidas".

En la declaración nº14, los Estados indicaron que "las disposiciones correspondientes a la PESC no confieren nuevos poderes de iniciativa de decisiones a la Comisión ni amplían la función del Parlamento Europeo", expresando el deseo de que la PESC se mantenga como una política eminentemente gubernamental y haciendo inaplicable el principio de subsidiariedad del artículo 352 TFUE[21] (Arrufat, s.f.).

Los profesores Keukeleire y Delreux (2022) definen la naturaleza de la PESC como una política multifacética, *multimétodo* y multinivel. Esta última característica se debe a que la política exterior de la UE convive con la política

---

19 Según el artículo 2.4 del TFUE (en el Título I: Categorías y ámbitos de competencias de la Unión): "La Unión dispondrá de competencia, de conformidad con lo dispuesto en el Tratado de la Unión Europea, para definir y aplicar una política exterior y de seguridad común, incluida la definición progresiva de una política común de defensa". 20 Según el artículo 24. 3 del TUE: "Los Estados miembros apoyarán activamente y sin reservas la política exterior y de seguridad de la Unión, con espíritu de lealtad y solidaridad mutua y respetarán la acción de la Unión en este ámbito. Los Estados miembros trabajarán conjuntamente para intensificar y desarrollar su solidaridad política mutua. Se abstendrán de toda acción contraria a los intereses de la Unión o que pueda perjudicar su eficacia como fuerza de cohesión en las relaciones internacionales. El Consejo y el Alto Representante velarán porque se respeten estos principios".

20 Según el artículo 24. 3 del TUE: "Los Estados miembros apoyarán activamente y sin reservas la política exterior y de seguridad de la Unión, con espíritu de lealtad y solidaridad mutua y respetarán la acción de la Unión en este ámbito. Los Estados miembros trabajarán conjuntamente para intensificar y desarrollar su solidaridad política mutua. Se abstendrán de toda acción contraria a los intereses de la Unión o que pueda perjudicar su eficacia como fuerza de cohesión en las relaciones internacionales. El Consejo y el Alto Representante velarán porque se respeten estos principios".

21 Artículo 352 TFUE. "1. Cuando se considere necesaria una acción de la Unión en el ámbito de las políticas definidas en los Tratados para alcanzar uno de los objetivos fijados por éstos, sin que se hayan previsto en ellos los poderes de actuación necesarios a tal efecto, el Consejo adoptará las disposiciones adecuadas por unanimidad, a propuesta de la Comisión y previa aprobación del Parlamento Europeo [...]. 4. El presente artículo no podrá servir de base para alcanzar objetivos del ámbito de la política exterior y de seguridad común [...]".

nacional de los Estados Miembros y también con la política a nivel multilateral o internacional, dado que propia UE y los Estados Miembros participan en foros u organizaciones internacionales.

Las dos primeras características, que ya se han comentado anteriormente, son debido a que la política exterior de la UE está formada: por un lado, por la PESC (como la dimensión más política y diplomática) y la PSDC (para llevar a cabo misiones militares y civiles de gestión de crisis), que se rigen por el método intergubernamental, y, por otro lado, por la acción exterior de la UE (comercio, sanciones, cooperación al desarrollo, etc.) y por las políticas internas con dimensión exterior (como la dimensión externa de la política medioambiental, de la política migratoria[22] o de la ampliación[23]), que se rigen por el método intergubernamental. Estas facetas pueden complementarse, que sería lo ideal, o contradecirse entre sí.

Sin embargo, la separación entre estas políticas es cada vez es más difusa. Esto se aprecia, por ejemplo, en la cada vez más estrecha relación entre la política exterior y la política comercial (que se adopta por mayoría cualificada), la cual también se emplea para conseguir objetivos de la PESC[24], o las sanciones económicas que forman parte de las herramientas de la política comercial[25] de la UE, pero también persiguen objetivos de la PESC al imponerse por vulneración de los derechos humanos o por elecciones electorales que no reconocen como libres ni justas (Wessel, 2021: 183; Wessel y Szép, 2022). Por lo que, si bien la PESC, como se ha visto en su evolución, comenzó como la excepción o como una política extraña o diferente, su aproximación con las otras políticas de la UE (las políticas internas con dimensión exterior y la acción exterior de la UE), junto con las sucesivas modificaciones de los tratados y adaptaciones institucionales, han ido provocando una normalización de la PESC, entendiéndose como "parte integrante de la maquinaria general de relaciones exteriores de la UE" (Pomorska y Wessel, 2021: 353), y, el cambio de votación de la unanimidad a la mayoría cualificada facilitaría, aún más, esa normalización de la política exterior como competencia de la UE (Nováky, 2021) y, a su vez, podría llevar a la *comunitarización* (aplicar el método comunitario) de la PESC.

---

22   Por ejemplo, los acuerdos migratorios con terceros Estados, como Turquía o Túnez.

23   Entre el año 2004 y 2007, se produjo la mayor ampliación de la UE hasta el momento, por la que se unieron 12 nuevos Estados Miembros, 10 de los cuales de Europa Central y del Este (en 2004 se incorporaron República Checa, Chipre, Eslovaquia, Eslovenia, Estonia, Hungría, Letonia, Lituania, Malta y Polonia; y en 2007 se incorporaron además Rumanía y Bulgaria), haciendo de la ampliación una herramienta potente para responder a los cambios en el contexto geopolítico y reforzar la estabilidad y seguridad europea. Lo que sucede ahora con el nuevo empuje, derivado de la guerra rusa contra Ucrania, a la nueva futura ampliación.

24   Tal y como afirma el Consejo "la política comercial de la UE se usa asimismo como vehículo para fomentar los principios y valores europeos, desde la democracia y los derechos humanos" (Consejo Europeo y Consejo de la UE, s.f. b). Esto se realiza, por ejemplo, a través de cláusulas de respeto de los derechos humanos en los acuerdos comerciales u otros mecanismos, como el instrumento contra la coerción, el marco de control de las inversiones extranjeras directas o la legislación sobre la prohibición de la venta, importación y exportación de bienes fabricados mediante trabajos forzosos.

25   De hecho, ha habido litigios ante el TJUE sobre el uso de las medidas restrictivas (la terminología oficial de la UE para las sanciones económicas) y ha declarado que las sanciones económicas están bajo el amplio ámbito de la política comercial (Wessel y Szép, 2022).

Capítulo II. Sistema de Votación en la PESC

1. Sistema actual de votación

El Tratado de Lisboa, en su artículo 16.3 del TUE, fija el principio de la mayoría cualificada para la adopción de las decisiones en el Consejo, salvo en aquellos casos en los que los Tratados expresamente indiquen que se deben tomar por unanimidad (Mintel y von Ondarza, 2022: 4), como es en el caso de la PESC.

El artículo 31 del TUE, que determina cómo se adoptan las decisiones en materia de la PESC, establece la votación por unanimidad como regla general, al indicar en su apartado primero que "el Consejo Europeo y el Consejo adoptarán por unanimidad las decisiones de que trata el presente capítulo [capítulo II del Título V del TUE, donde se regulan las disposiciones específicas sobre la PESC], salvo en los casos en que el presente capítulo disponga otra cosa".

Como excepción a la regla general de la unanimidad en la PESC, el apartado segundo del artículo 31 establece una lista con cuatro casos (también llamadas *cláusulas habilitantes* (Schuette, 2019)) en los que el Consejo podrá adoptar las decisiones en este ámbito por mayoría cualificada:

- "una decisión que establezca una acción o una posición de la Unión a partir de una decisión del Consejo Europeo [que ha adoptado previamente por unanimidad] relativa a los intereses y objetivos estratégicos de la Unión prevista en el apartado 1 del artículo 22;

- una decisión que establezca una acción o una posición de la Unión a partir de una propuesta presentada por el AR en respuesta a una petición específica que el Consejo Europeo le haya dirigido bien por propia iniciativa, bien por iniciativa del AR [es decir, las acciones o posiciones colectivas que se deriven de un mandato emitido por el Consejo Europeo o de una propuesta presentada por el AR];

- cualquier decisión por la que se aplique una decisión que establezca una acción o una posición de la Unión;

- la designación de un representante especial de conformidad con el artículo 33".

Sin embargo, estas excepciones no han sido apenas utilizadas (Wessel y Szép, 2022), de hecho, solo se han aplicado una vez en 2015, cuando fue nombrado por mayoría cualificada el representante especial de la UE en el Sahel (Schuette, 2019).

Por último, el apartado quinto de este artículo solo exige mayoría simple del Consejo para cuestiones de procedimiento.

Esto muestra que los tres métodos de votación que existen en el Consejo, también se dan para la PESC: unanimidad, mayoría cualificada y mayoría simple. Cuando el Consejo vota una propuesta de la Comisión Europea o del AR, se entenderá adoptada por mayoría cualificada si el 55 % de los Estados Miembros vota a favor (15 de los 27 Estados Miembros) y éstos representan al menos el 65 % de la población total de la UE, lo que también se conoce como doble mayoría. Mientras que cuando el Consejo vota una propuesta que no emanan de aquellos, se adoptará si al menos el 72 % de los Estados Miembros vota a favor (20 de los 27 Estados Miembros) y representan al menos el 65 % de la población de la UE, lo que se denomina mayoría cualificada reforzada. En las votaciones por mayoría cualificada, las abstenciones cuentan como votos en contra de la propuesta. Por otro lado, una decisión sobre asuntos de procedimiento o para solicitar que la Comisión realice estudios o presente propuestas, se pueden adoptar por mayoría simple, requiriendo que al menos 14 miembros del Consejo voten a favor (Consejo de la UE, 2024).

Tras la extensión de la mayoría cualificada por el Tratado de Lisboa, es el sistema de votación más utilizado en el Consejo, aproximadamente el 80% de toda la legislación de la UE se adopta por mayoría cualificada (Consejo de la UE, 2024). Sin embargo, esto no significa que el Consejo adopte todas las decisiones por mayoría cualificada sobre las áreas en que está permitida, sino que los Estados Miembros, prefieren conseguir el mayor o total consenso dentro del Consejo (Nováky, 2021).

2. Análisis de la unanimidad

La regla de votación por unanimidad en la PESC viene justificada por tratarse de una política que abarca asuntos sensibles desde la perspectiva de los Estados Miembros al estar relacionados con intereses y poderes nacionales que constituyen el núcleo duro de la soberanía estatal. El requisito de la unanimidad permite proteger esos intereses y atributos de la soberanía nacional al otorgar a cada uno de los Estados Miembros, independientemente de su tamaño, población o peso político, un derecho de veto en la toma de decisiones en el seno del Consejo (Nováky, 2021).

2.1. Consecuencias de la unanimidad

La unanimidad y la amenaza del veto que trae consigo implican, en muchas ocasiones, que la adopción de decisiones en materia de la PESC se retrasen, que se acaben adoptando pero con un contenido suavizado para poder conseguir el consenso de todos los Estados Miembros, o bien, que no se lleguen a aprobar, frustrando la consecución de una política común conjunta y que la acción de la UE se vea bloqueada y paralizada, sin capacidad para reaccionar ante las circunstancias y eventos internacionales.

De hecho, según el estudio encargado por el Parlamento Europeo titulado "The implementation of Article 31 of the Treaty on European Union and the use of Qualified Majority Voting Towards a more effective Common Foreign and Security Policy [La implementación del Artículo 31 del TUE y el uso de la votación por mayoría cualificada. ¿Hacía una PESC más eficaz?]" (Wessel & Szép, 2022), entre mediados del año 2016 y mediados del año 2022, se ha recurrido al veto en 30 ocasiones en el ámbito de la PESC. De las cuales, 21 fueron vetos individuales reales, 3 amenazas de veto y 5 retrasos en la aprobación de la decisión. Por Estados Miembros, de estos 30 casos, el 60% están relacionados con Hungría (18 casos), Grecia (4 casos), Chipre (2 casos) y Austria, República Checa, Italia, Francia, Malta y Rumania (1 caso cada uno). La mayoría están relacionados con declaraciones conjuntas en materia de la PESC (14 casos), sobre sanciones (8 casos) y misiones de PSDC (2 casos).

Figura 1. Lista no exhaustiva de vetos, amenazas de veto y retrasos en materia de PESC

Fecha	Acción de bloqueo
Julio 2016	Hungría y Grecia retrasan y atenúan la declaración de la UE sobre la disputa entre China y Filipinas sobre reclamaciones territoriales en el Mar de la China Meridional.
Febrero 2017	Hungría bloquea la renovación del embargo de armas contra Bielorrusia hasta que todos los demás miembros acuerden eximir una determinada categoría de armas pequeñas.
Marzo 2017	Hungría bloquea una carta conjunta de la UE denunciando las acusaciones de tortura de abogados detenidos en China.
Junio 2017	• Grecia bloquea la declaración de la UE en el Consejo de Derechos Humanos de la ONU sobre el historial de derechos humanos de China. • Grecia retrasa sanciones contra Venezuela. Finalmente se adoptaron medidas en noviembre.
Mayo 2018	Hungría, República Checa y Rumania bloquean la declaración de la UE que condena el traslado de la embajada de Estados Unidos a Jerusalén.
Febrero 2019	• Italia bloquea la declaración de la UE que reconoce a Guaidó como presidente interino de Venezuela. • Grecia y Chipre bloquean la declaración de la UE sobre el incumplimiento por parte de Rusia del Tratado INF. • Hungría y Polonia bloquean la Declaración de la Cumbre UE-Liga Árabe debido a una disposición sobre migración.
Abril 2019	• Francia bloquea la declaración de la UE que condena la ofensiva militar del Mariscal Khalifa Haftar contra la capital de Libia. • Hungría veta una declaración en el Consejo de Seguridad de la ONU que critica a Israel por la violencia y la continua construcción de asentamientos israelíes en Cisjordania y Jerusalén Este. Al final, el embajador finlandés habló en nombre de los 27 Estados Miembros (de 28).

Mayo 2019	Hungría se opone a la declaración de la UE en el Consejo de Seguridad de la ONU criticando a Israel. La declaración finalmente fue presentada en nombre de 27 Estados Miembros de la UE (de 28).
Octubre 2019	• Hungría bloquea la declaración de la UE que condena la operación militar de Turquía en el noreste de Siria. • Hungría bloquea la declaración de la UE que condena la decisión de Estados Unidos de dejar de considerar ilegales los asentamientos israelíes.
Marzo 2020	Austria y Hungría hacen descarrilar el plan naval de la UE sobre armas en Libia.
Septiembre 2020	Chipre retrasa las sanciones contra funcionarios bielorrusos acusados de represión brutal tras las elecciones fraudulentas, a menos que se aprueben las sanciones de la UE contra Turquía.
Abril 2021	Hungría bloquea la declaración de la UE que critica la nueva ley de seguridad de China en Hong Kong.
Mayo 2021	Hungría bloquea la declaración de la UE pidiendo un cese el fuego entre Israel y Palestina.
Abril 2022	• Hungría retrasa (durante 5 semanas aprox.) el 6º paquete de sanciones de la UE contra Rusia buscando una exención del embargo de petróleo. • Grecia, Chipre y Malta bloquean las sanciones contra barcos de propiedad rusa en puertos de la UE.
Junio 2022	Hungría veta la inclusión del Patriarca Kirill, cabeza de la Iglesia Ortodoxa, de las sanciones de la UE contra Rusia.
Septiembre 2022	• Hungría amenazó con bloquear algunas sanciones de la UE a Rusia si no quitaban a tres oligarcas. • Hungría impide el llamamiento conjunto de la UE para el nombramiento de un relator de la ONU sobre las violaciones rusas de los derechos humanos.

Fuente: traducido de Wessel, R. A., y Szép, V. (2022). The implementation of Article 31 of the Treaty on European Union and the use of Qualified Majority Voting: Towards a more effective Common Foreign and Security Policy? Policy Department for Citizens' Rights and Constitutional Affairs, Directorate-General for Internal Policies, European Parliament

El estudio del Servicio de Investigación del Parlamento Europeo titulado "Qualified majority voting in EU common foreign and security policy" [Votación por mayoría cualificada en la Política Exterior y de Seguridad Común de la UE] (Navarra et al., 2023), analiza el uso del veto, o la amenaza de este, desde la invasión rusa a Ucrania en febrero de 2022 y evalúa si el voto por mayoría cualificada hubiera contribuido a mejorar los procesos de adopción de sanciones contra Rusia. En él se afirma que los Estados Miembros han mostrado consenso tras las brutales acciones militares rusas en Ucrania (de hecho, hasta junio del 2024, se han adoptado trece paquetes de sanciones contra Rusia). Sin embargo, mientras se alarga la guerra, ha costado, cada vez más, mantener el consenso, y para conseguirlo se han hecho concesiones a peticiones específicas a fin de evitar el bloqueo, como las excepciones al embargo de petróleo para varios países o las peticiones de Hungría de retirar al Patriarca Kirill y tres oligarcas del sexto paquete de sanciones, reduciendo la efectividad de las sanciones. La mayoría cualificada hubiera podido evitar esto último, pero, en cambio, el caso del embargo de petróleo muestra que, por intereses nacionales, fueron varios los países (los más dependientes del petróleo ruso) que solicitaron excepciones (y que de lo contrario, podrían haber vetado (en votación por unanimidad) o votado en contra (en votación por mayoría cualificada)) para que sus países no se vieran fuertemente perjudicados, mientras que, por otro lado, otros países que no están tan afectados por la dependencia energética rusa, como España o Polonia, presionaban hacía sanciones más duras.

Por otra parte, otro estudio, realizado por la Fundación de Ciencias y Política alemana, titulado "CFSP: The capability-expectation gap revisited. A data-based analysis" [PESC: Revisión de la brecha entre capacidad y expectativas. Un análisis basado en datos] (Bendiek et al., 2020), concluye, teniendo en cuenta que el Consejo de Asuntos Exteriores se reúne mensualmente y que se han publicado 172 actas de acceso público y cuatro actas no públicas de reuniones del Consejo desde el año 2009, que "las actas de las reuniones muestran que muchos puntos del orden del día no dieron lugar a conclusiones [del Consejo] sobre la PESC debido al requisito de unanimidad" las conclusiones del Consejo tienen el objetivo de establecer formalmente la posición de la UE sobre una cuestión relevante–.

Este mismo estudio muestra el aumento de comunicados de prensa sobre asuntos de la PESC emitidos por parte del SEAE y el AR –los comunicados de prensa se utilizan, entre otras cosas, cuando el Consejo no puede alcanzar decisiones unánimes que conduzcan a la adopción de posiciones o acciones comunes –. Desde 2014 se han emitido

2.053 comunicados de prensa, lo que demuestra el alto volumen de trabajo en el área de la PESC. Sin embargo, esto se traduce en muy pocas acciones concretas debido a las dificultades del proceso de toma de decisiones, lo que muestra lo difícil que es alcanzar un consenso en la PESC (Bendiek et al., 2020). En este sentido, el estudio reafirma la brecha entre las capacidades y las expectativas de la UE (*Capability- Expectations Gap*) respecto al rol de la UE en la escena internacional. No obstante, dado que esto se debe, en buena medida, a la falta de voluntad política por parte de los Estados Miembros para avanzar hacia la *comunitarización* (aplicar el método comunitario) en la PESC, la brecha entre capacidades y expectativas viene del exterior, es decir, son los actores externos (más que los propios Estados Miembros) los que tienen grandes expectativas puestas en que la UE demuestre una capacidad política y militar de acción proporcional a su fortaleza económica. Mientras que, a nivel interno, existe una brecha entre retórica y voluntad política (Bendiek et al., 2020). No obstante, a raíz de los últimos acontecimientos, estamos ante un *momentum* en el impulso hacia el cambio de votación por mayoría cualificada en la PESC, como se verá más adelante.

2.2. Motivaciones y causas del veto

Tras haber examinado las implicaciones y consecuencias de la unanimidad y del uso del veto, resulta importante analizar las causas o motivaciones que generan divisiones entre los Estados Miembros en la PESC y qué los lleva a vetar una decisión en este ámbito en el Consejo. Según explica Schuette (2019), las divisiones se deben no solo a diferentes perspectivas y opiniones políticas, sino que van más allá y, en concreto, señala tres motivos principales.

En primer lugar, se suelen producir evaluaciones contradictorias sobre un problema o crisis internacional, debido a las diferentes perspectivas sobre una determinada cuestión, las distintas culturas de política exterior de los Estados Miembros y la falta de pensamiento estratégico sobre política exterior a nivel europeo. Esto a su vez es debido, como también señala el actual AR Josep Borrell (2020), a la historia, la geografía y la identidad de cada Estado Miembro que hace que "miren el mundo a través de prismas diferentes y no es fácil fusionar estas 27 formas diferentes de concebir los intereses nacionales en un interés europeo común", para lo cual considera que, a largo plazo, la respuesta es crear una cultura estratégica común, ya que "cuanto más nos pongamos de acuerdo los europeos sobre cómo vemos los problemas del mundo, más sencillo será ponernos de acuerdo sobre qué hacer al respecto", lo que pretende conseguir, en el ámbito de la seguridad y defensa, con la elaboración de la *Brújula Estratégica*[26] –o *the Strategic Compass*, en inglés– Las distintas sensibilidades de los Estados Miembros respecto a Israel y Palestina, que unos países sean atlantistas y otros neutrales[27] o que, en términos de seguridad, los países del este, teman más la amenaza de Rusia y los conflictos en el espacio postsoviético, mientras que los del sur, miren más al Sahel o a la migración en el Mediterráneo, pueden ser ejemplos de esto.

Estas profundas divergencias entre los países europeos en cuanto a la percepción de las amenazas, es lo que los autores Hugo Meijer y Stephen G. Brooks han denominado *"cacofonía estratégica europea"*, refiriéndose a las "divergencias profundas a nivel continental en todos los ámbitos de las políticas de defensa nacional, especialmente en cuanto a la percepción de amenazas" (Meijer y Brooks, 2021).

En segundo lugar, la divergencia de intereses nacionales entre los Estados Miembros genera grandes obstáculos para alcanzar un acuerdo unánime en la PESC. El ejemplo más ilustrativo fue la construcción de los gaseoductos Nord Stream 1 y 2, que se vio como una oportunidad económica por parte de Alemania para disponer de gas natural ruso a precios más competitivos, mientras que otros países, como Polonia o los países bálticos, lo veían como una amenaza geoestratégica, temiendo las implicaciones que podía tener para la seguridad europea el aumento de la dependencia energética de la UE de Rusia.

En tercer lugar, también se producen vetos por influencia de terceros Estados (especialmente Rusia y China) que, debido a sus estrechos lazos económicos y políticos con algunos de los Estados Miembros, les incitan o presionan para socavar el buen funcionamiento de la política exterior de la UE, actuando como *"caballos de Troya"* (Nováky, 2021) en el Consejo, como sucedió cuando Hungría y Grecia, ambos importantes receptores de inversión extranjera

---

26   La *Brújula Estratégica* es un plan de acción desarrollado por la UE en 2022 para reforzar su política de seguridad y defensa.

27   Estados de la UE que no pertenecen a la OTAN: Austria, Chipre, Irlanda y Malta.

directa china, atenuaron la firmeza de una declaración de la UE sobre la disputa entre China y Filipinas por reclamaciones territoriales en el Mar del Sur de China en 2016. Además, Grecia bloqueó una declaración de la UE en el Consejo de Derechos Humanos de las Naciones Unidas sobre el historial de derechos humanos de China en 2017 y Hungría vetó varias declaraciones de la UE contra China por su nueva ley de seguridad de Hong Kong (Schuette, 2019).

En ocasiones, los vetos en la PESC son debidos a otros motivos ajenos al contenido de la decisión que se está sometiendo a votación. Lo que pretende con ello el Estado Miembro que amenaza con vetar la adopción de la decisión, es obtener compensaciones o concesiones sobre otros asuntos que no tienen relación directa con la cuestión objeto de votación en el Consejo (Mintel y von Ondarza, 2022), como recientemente (en diciembre de 2023) ha ocurrido con el levantamiento del veto por parte de Hungría sobre la apertura de negociaciones de adhesión a la UE de Ucrania, a cambio de que la Comisión Europea desbloquease los fondos que estaban bloqueados por la situación del Estado de Derecho en Hungría.

Por su parte, el informe del Parlamento Europeo citado anteriormente (Wessel & Szép, 2022), afirma que los vetos y los retrasos en la toma de las decisiones en la PESC han aumentado y señala diversas razones para ello. Esto ha sido debido al aumento del número de Estados Miembros y la difícil tarea de reconciliar los intereses de los 27 Estados Miembros (por lo que, de incrementarse el número de Estados Miembros en una futura ampliación, aumentaría el riesgo de veto y de bloqueo). Además, se observan otras tres causas, que son particularmente aplicables a Hungría, que, como se ha indicado, es el Estado Miembro que más veces ha recurrido al veto o a la amenaza de éste. En primer lugar, el hecho de que algunos gobiernos de la UE no compartan algunos valores con otros o con los propios valores de la UE, como por ejemplo los derechos LGBT o el respeto al Estado de Derecho. En segundo lugar, que haya algunos miembros del Consejo que esperan al momento final para bloquear el proceso decisorio sin dejar margen de maniobra y sin haber participado activamente en los procesos de negociaciones informales previos a la votación, en los que haber mostrado sus desacuerdos. Por último, en tercer lugar, que haya gobiernos (principalmente, los euroescépticos) que no se preocupen por su mala reputación a nivel europeo ni con otros Estados Miembros por vetar decisiones conjuntas, sino que lo que les preocupa es mostrar a su electorado que así protege los intereses y valores nacionales en Bruselas y, con ello, obtener rédito político e, incluso, contentar a sus terceros países aliados, convirtiéndose ellos en los *caballos de Troya* (Pomorska y Wessel, 2021: 356).

Por estos motivos e implicaciones de la unanimidad y del uso del poder de veto, es por lo que ha habido numerosas peticiones e iniciativas por parte de algunos Estados Miembros e instituciones europeas demandando pasar de la unanimidad a la votación por mayoría cualificada en asuntos de la PESC. De hecho, según el mismo estudio del Parlamento Europeo, ha habido, desde mediados del año 2013 a mediados del año 2022, 25 llamamientos políticos relevantes en este sentido (Wessel & Szép, 2022).

Entre los más destacados, cabe señalar la llamada al cambio de la unanimidad a la mayoría cualificada en la PESC por el entonces Presidente de la Comisión Europea Jean-Claude Juncker en su discurso del Estado de la Unión de 2017 y que volvió a repetir en el de 2018, con la propuesta concreta de introducir el voto por mayoría cualificada, usando los mecanismos ya previstos en los Tratados, en tres campos específicos de la PESC: la adopción de posiciones de la UE sobre cuestiones internacionales de derechos humanos en foros internacionales, el establecimiento de regímenes de sanciones y las decisiones para implementar misiones civiles de la PSDC en respuesta a crisis en el extranjero. En sus intervenciones, Juncker alegaba que esto permitiría "mejorar nuestra capacidad para hablar con una sola voz en lo que respecta a nuestra PESC. [...]", "mejorar la capacidad de la UE para desempeñar un papel más grande y eficiente en el escenario global" y que "la UE se convierta en un actor global más fuerte, mejor capacitado para dar forma a los eventos globales y asumir responsabilidades internacionales" (Comisión Europea, 2018). Sin embargo, la propuesta lanzada fue rechazada por los Estados Miembros en la Cumbre de Sibiu, en Rumanía, en 2019.

Posteriormente, la actual Presidenta de la Comisión Europea, Úrsula von der Leyen (quien aspiraba a liderar una "*Comisión geopolítica*", lo que se puede entender como una UE más estratégica y asertiva, para lo que se necesita una UE unida), en su discurso del Estado de la Unión de 2020 propuso usar el voto por mayoría cualificada para cuestiones de derechos humanos y sanciones, al afirmar que "es muy necesario que Europa adopte posiciones claras y medidas rápidas en los asuntos mundiales. [...] Pero ¿qué nos lo impide? ¿Por qué se retrasan, se diluyen o se retienen por otros motivos incluso simples declaraciones sobre los valores de la UE? Cuando los Estados miembros dicen que Europa es demasiado lenta, les respondo que sean valientes y pasen de una vez a la votación por mayoría cualificada, al menos en lo relativo a los derechos humanos y a la aplicación de sanciones" (Comisión Europea, 2020). En su carta de mandato enviada en 2019 al AR, Josep Borrell, le insistió en que "para convertirse en líder mundial, la Unión debe tomar decisiones de manera más rápida y eficiente. Debemos superar las restricciones de la unanimidad que ponen trabas a nuestra política exterior. Al presentar propuestas, deberá usted servirse de las cláusulas de los Tratados que permiten que determinadas decisiones sobre la política exterior y de seguridad común se adopten por mayoría cualificada" (von der Leyen, 2019). De hecho, Borrell, que "siempre he apoyado el voto por mayoría cualificada, porque de lo contrario hemos demostrado que somos muy lentos en la toma de decisiones" (Ayuso, 2023), ya como AR y junto con la Comisión Europea, recomendaron al Consejo Europeo la adopción de una decisión identificando los intereses y objetivos estratégicos de la UE a través del Plan de Acción de la UE sobre Derechos Humanos y Democracia para el período 2020-2024, lo que hubiera permitido al Consejo adoptar, por ejemplo, sanciones relacionadas con los derechos humanos por mayoría cualificada (primer caso del artículo 31.2 TUE). Sin embargo, los Estados Miembros rechazaron el uso de la votación por mayoría cualificada para implementar el Plan de Acción (Wessel y Szép, 2022: 81).

No obstante, cabe indicar brevemente que también hay otros factores, más allá del veto en la votación por unanimidad de las decisiones de la PESC en el Consejo, que minan la política exterior de la UE en el escenario internacional, como las contradicciones que a veces se dan entre las acciones o declaraciones de las instituciones europeas y los Estados Miembros, la complejidad[28] de la UE o la tensión entre las instituciones que lleva a la confusión de quién[29] representa a la UE en el exterior y quién asume la responsabilidad política de esa representación (Bendiek et al., 2020), o las acusaciones de incoherencia[30] o el *doble rasero* a las que, en ocasiones, se tiene que enfrentar la UE. Estos aspectos se han podido observar a raíz de la actual guerra en Gaza tras los ataques de Hamás en Israel, con la visita de la Presidenta de la Comisión Europea, Úrsula von der Leyen, y la del Parlamento Europeo, Roberta Metsola, a Israel, o el "desastroso" y descoordinado comunicado sobre la revisión de la ayuda humanitaria a Palestina; o como el incidente diplomático conocido como *sofagate* (van Elsuwege, 2023).

3. Alternativas a la unanimidad

A pesar de que la PESC está sujeta a "reglas y procedimientos específicos" (artículo 24.1 TUE) siendo la regla de la votación por unanimidad uno de ellos, el Tratado de Lisboa, aparte de los casos señalados en el artículo 31.2 del TUE, ofrece cierto margen de maniobra para adoptar decisiones sin necesidad de alcanzar la unanimidad en el Consejo (Laţici, 2021). Por lo que, al contrario de lo que a veces se suele indicar, no es estrictamente necesario una reforma de los Tratados para eliminar el requisito de la unanimidad en la PESC. No obstante, a pesar de que los actuales Tratados ofrecen una serie de opciones para evitar la unanimidad, por el momento, los Estados Miembros han sido muy cautelosos en usar las provisiones establecidas para ello (Wessel y Szép, 2022).

3.1. Abstención constructiva

Aunque se deban tomar las decisiones de la PESC por unanimidad en el Consejo, esto no implica que cada uno de los Estados Miembros deba votar de forma afirmativa para que se adopte la decisión, si no que, el segundo párrafo del artículo 31.1 del TUE, permite a un Estado Miembro abstenerse en una votación que requiera unanimidad (Wessel y Szép, 2022), es decir, en las votaciones por unanimidad, "las abstenciones no impiden que se adopten las decisiones" (Consejo Europeo y Consejo de la Unión Europea. (s.f. c). Esta disposición, por lo tanto, permite a un

---

28   Esto mismo ha señalado el Parlamento Europeo al lamentar que "en algunos casos falte claridad en la representación exterior de la Unión; subraya la necesidad de definir claramente las competencias del VP/AR, el presidente de la Comisión y el presidente del Consejo Europeo en relación con la representación y acción exterior de la Unión" (Parlamento Europeo, 2023a).

29   Respecto a la representación: a nivel político más alto de los Jefes de Estado o de Gobierno, para las cuestiones de la PESC, es el Presidente del Consejo Europeo el que representa a la UE en el exterior, y para las otras políticas, es la Comisión Europea. Como en la práctica es difícil diferenciar entre la PESC y otros ámbitos de la acción exterior de la UE, ambos Presidentes suelen representar conjuntamente a la UE en reuniones internacionales de alto nivel. A nivel político de los ministros de asuntos exteriores, es el AR quien representa a la UE en el exterior.

30   Por ejemplo, los acuerdos sobre energía y comercio con algunos países árabes que no respetan los derechos humanos o la democracia, por la dependencia de suministros y materias primas de la UE.

Estado Miembro o a un grupo pequeño de Estados (siempre que sean menos de un tercio de los Estados Miembros y que representen menos de un tercio de la población de la UE) abstenerse en una votación por unanimidad, con la posibilidad de poder emitir una declaración formal a tal efecto, y los demás Estados Miembros han de respetar su posición.

En estos casos, el Estado que se abstiene no está obligado a aplicar la decisión, pero acepta que ésta sea vinculante para la UE. La abstención también implica que el Estado en cuestión se compromete, en aras del espíritu de lealtad y solidaridad mutua expresado en el artículo 24.3 del TUE[31], a abstenerse de realizar "cualquier acción que pudiera obstaculizar o impedir la acción de la Unión basada en dicha decisión" (artículo 31.1 TUE). Esto es lo que hace que la abstención sea constructiva: el hecho de que un Estado Miembro pueda distanciarse de una decisión de la PESC con la que no está de acuerdo sin tener que vetarla, por lo tanto, permitiendo que ésta pueda seguir siendo adoptada en el Consejo y sin paralizar la acción de la UE a nivel internacional (Nováky, 2021).

Aunque estas implicaciones de la abstención puedan suponer un límite a la libertad de acción del Estado Miembro que se abstiene, al verse comprometido por esa decisión aun habiéndose abstenido (Wessel y Szép, 2022), permitiría a ese Estado, no solo no bloquear una decisión del Consejo y evitar así ser señalado por los demás Estados Miembros por hacerlo, sino también expresar a terceros Estados su postura al respecto y trasladar el mensaje a su población de que los intereses nacionales no se han abandonado (Nováky, 2021; Pomorska y Wessel, 2021: 355).

En palabras de Steven Blockmans, investigador del Centro de Estudios de Política Europea (CEPS por sus siglas en inglés), "el mecanismo de abstención constructiva tiene como objetivo conciliar la posición de la mayoría de los Estados Miembros con las reservas y preocupaciones de algunos" (Wessel, 2021: 180), y, en palabras de Nicole Koenig, responsable de política de la Conferencia de Seguridad de Múnich e investigadora del Instituto Jacques Delors, "la abstención constructiva permite a los Estados Miembros que se abstienen adherirse a sus especificidades nacionales sin bloquear el camino a otros" (Liboreiro, 2023).

Nováky (2021) recomienda un mayor uso de la posibilidad de la abstención constructiva dado que se trata de una alternativa a la unanimidad menos sensible políticamente que la mayoría cualificada. A pesar de ello, hasta la guerra rusa contra Ucrania en febrero del 2022, la abstención constructiva solo había sido utilizada una vez por Chipre en 2008 cuando se abstuvo en una votación del Consejo para establecer una misión civil en Kosovo (no reconocido por Chipre), la misión EULEX Kosovo. Desde febrero de 2022, esta opción se ha usado en más ocasiones. En 2022, Austria, Irlanda y Malta, en su condición de países neutrales, se acogieron al mecanismo de la abstención constructiva respecto de la decisión del Consejo de suministrar material militar, incluido equipamiento letal, a Ucrania a través de Fondo Europeo para la Paz, permitiendo la aprobación de la decisión y así no obstaculizar la acción del resto de Estados –e indicando que contribuirían al apoyo a Ucrania a través de vías alternativas– (Koenig, 2022; Liboreiro, 2023). También en 2022, Hungría se abstuvo respecto de la decisión del Consejo por la que se establecía la Misión de Asistencia de la UE a Ucrania (EUMAM Ucrania), una misión de entrenamiento para soldados ucranianos (Euractiv, 2022).

3.2. Mayoría cualificada

La votación por mayoría cualificada que, como se ha explicado anteriormente, se define, según el artículo 16.4 del TUE, como "un mínimo del 55 % de los miembros del Consejo que incluya al menos a quince de ellos y represente a Estados miembros que reúnan como mínimo el 65 % de la población de la Unión".

El uso de la mayoría cualificada tiene varias implicaciones. En primer lugar, ningún Estado Miembro puede vetar una propuesta si otros la apoyan y, para poder ser rechazada, es necesario que al menos cuatro Estados Miembros que representen al menos el 35% de la población de la UE voten en contra, para así constituir una minoría de bloqueo. En segundo lugar, adoptar una propuesta por mayoría cualificada requiere más que el apoyo de una mayoría simple de los miembros del Consejo, esto es, en la UE de 27 Estados Miembros, la mayoría cualificada requiere 15 Estados Miembros a favor, en lugar de los 14 que requiere la mayoría simple. En tercer lugar, dado el requisito adicional de

---

31   Artículo 31.3 del TUE: "Los Estados miembros apoyarán activamente y sin reservas la política exterior y de seguridad de la Unión, con espíritu de lealtad y solidaridad mutua y respetarán la acción de la Unión en este ámbito".

que los Estados Miembros que voten a favor deben representar colectivamente al menos el 65% de la población de la UE, la mayoría cualificada aumenta la influencia de los Estados Miembros con poblaciones grandes, frente a aquellos con poblaciones más pequeñas (Nováky, 2021). Sobre esto se profundizará en el Capítulo III.

Los casos específicos de uso de la mayoría cualificada del artículo 31.2 del TUE y la abstención constructiva contemplada en el segundo párrafo del artículo 31.1 del TUE, son las únicas dos excepciones a regla de la unanimidad en la PESC estipuladas de forma expresa en los Tratados. Por lo que la reforma de los mismos es una vía para ampliar el uso de la mayoría cualificada a otros casos de la PESC o a la PESC en general. Sin embargo, el Tratado de Lisboa establece mecanismos que brindan la posibilidad de extender la mayoría cualificada en la PESC, sin necesidad de reformar los Tratados.

Para esos casos en los que la votación en la PESC sea por mayoría cualificada, el mismo artículo 31.2 contiene una *cláusula de freno de emergencia*, que puede emplearse cuando "un miembro del Consejo declarase que, por motivos vitales y explícitos de política nacional, tiene la intención de oponerse a la adopción de una decisión que se deba adoptar por mayoría cualificada, no se procederá a la votación", en cuyo caso, "el AR intentará hallar [...] una solución aceptable [...]. De no hallarse dicha solución, el Consejo, por mayoría cualificada, podrá pedir que el asunto se remita al Consejo Europeo para que adopte al respecto una decisión por unanimidad". Es decir, se permite a un Estado Miembro parar la votación por mayoría cualificada de una decisión de la PESC cuando alegue que tal decisión pueda afectar a sus intereses nacionales vitales, como una suerte de "Compromiso de Luxemburgo" que fue adoptado en 1966 y que puso fin a *la crisis de la silla vacía*[32] de 1965 (Wessel y Szép, 2022). Se profundizará también en el Capítulo III.

3.2.1. Reforma de los Tratados

El artículo 48 del TUE contempla dos procedimientos de reforma de los Tratados, un procedimiento de revisión ordinario y otro simplificado. Para la reforma del sistema de votación en la PESC sólo cabría recurrir al procedimiento de revisión ordinario, ya que el simplificado sólo es aplicable para las disposiciones de la tercera parte del TFUE sobre las políticas y acciones internas de la UE (EUR-Lex, s.f. f).

El procedimiento de revisión ordinario se inicia cuando cualquier gobierno de los Estados Miembros, el Parlamento Europeo o la Comisión Europea, presenta una propuesta de modificación de los Tratados al Consejo, quien la remitirá al Consejo Europeo. Éste, previa consulta al Parlamento Europeo y a la Comisión Europea, puede decidir por mayoría simple convocar una Convención (compuesta por representantes de los Parlamentos nacionales, de los Jefes de Estado o de Gobierno de los Estados Miembros, del Parlamento Europeo y de la Comisión Europea), donde se examinarán las propuestas de reforma y se adoptará por consenso una recomendación dirigida a una conferencia intergubernamental, que debe acordar por unanimidad las modificaciones propuestas de los Tratados. Finalmente, las modificaciones entrarán en vigor después de haber sido ratificadas por los parlamentos nacionales de todos los Estados Miembros según sus normas constitucionales, lo que también se conoce como *doble unanimidad* (unanimidad en la conferencia intergubernamental y ratificación de todos los Estados Miembros). El procedimiento de revisión ordinaria es complejo y para el que se exigen numerosos y exigentes requisitos, por lo que conlleva tiempo y negociaciones entre los Estados Miembros, y pueden presentarse obstáculos en los procesos de ratificación nacionales (como sucedió en 2005 con el fallido Tratado por el que se establece una Constitución para Europa, que fue rechazado por Francia y por los Países Bajos en 2005 en sus respectivos referendos nacionales) (Mintel y von Ondarza, 2022; Wessel y Szép, 2022).

De hecho, en junio del 2022 el Parlamento Europeo (2022) adoptó una resolución en la que pedía que se convocase una Convención para la revisión de los Tratados, en la que expresamente pedía, entre otras cosas, reformar los procedimientos de votación en el Consejo para mejorar la capacidad de acción de la UE, incluido el cambio a la

---

32 En 1965, Francia, siendo su Presidente el General De Gaulle, rechazó la regla de la mayoría y abandonó una votación en el Consejo, dando lugar a la "crisis de la silla vacía" que duró seis meses, durante los cuales Francia no acudió a las reuniones del Consejo, provocando la reducción de la actividad comunitaria. Finalmente, la crisis se resolvió en 1966 cuando se alcanzó "el Compromiso de Luxemburgo", por el cual "cuando intereses muy importantes de uno o varios Estados miembros estén en juego en el caso de decisiones susceptibles de ser adoptadas por mayoría a propuesta de la Comisión, los miembros del Consejo se esforzarán, en un plazo razonable, para alcanzar soluciones que puedan ser adoptadas por todos los miembros del Consejo" (Beneyto y Becerril, 2001: 100).

mayoría cualificada para las decisiones de la PESC, como las sanciones (Wessel & Szép, 2022), petición que ha sido reiterada en noviembre del 2023 (Parlamento Europeo, 2023b).

3.2.2. Cláusulas *pasarela*

a) Cláusula *pasarela* general

Para flexibilizar la toma de decisiones de la UE, el Tratado de Lisboa introdujo el mecanismo de la cláusula *pasarela* o cláusula *puente*, para facilitar la transición de la unanimidad a la mayoría cualificada en determinadas áreas, sin necesidad de una revisión formal de los Tratados[33] (EURLex, s.f. g).

La cláusula *pasarela* general viene establecida en el artículo 48.7 del TUE y permite al Consejo votar por mayoría cualificada cuando el TFUE y el Título V del TUE exijan unanimidad. Para que se pueda realizar este cambio de la unanimidad a la mayoría cualificada en el Consejo, es necesario la autorización previa del Consejo Europeo que se debe adoptar por unanimidad. Esto es aplicable para las decisiones de la PESC ya que están reguladas en el Título V del TUE -en cambio, no es de aplicación, por ejemplo, para modificar de la exigencia de unanimidad para activar los mecanismos del artículo 7 del TUE de protección de los valores de la UE y del Estado de Derecho- (Wessel & Szép, 2022). Tampoco es de aplicación para las decisiones que tengan repercusiones militares o en el ámbito de la defensa, ya que está expresamente prohibido por el propio artículo 48.7 del TUE.

Antes de que el Consejo Europeo adopte la decisión por unanimidad por la que autoriza al Consejo votar por mayoría cualificada, se requiere la previa aprobación, por mayoría, del Parlamento Europeo y que los Parlamentos nacionales, a los que se les debe comunicar la intención de llevar a cabo este cambio de sistema de votación, no se opongan en el plazo de 6 meses desde que hayan sido informados. Por lo que cada Parlamento nacional dispone del derecho de oposición y puede impedir la activación de la cláusula *pasarela* general (EUR-Lex, s.f. g). Si bien no es necesario la ratificación formal de los Parlamentos nacionales para la activación de esta cláusula, en algunos Estados Miembros[34] sí se exigen ciertos requerimientos, incluso similares a los que se exigirían en caso de tratarse de una reforma de los Tratados, para autorizar el uso de esta cláusula, suponiendo un obstáculo importante para la activación de la cláusula *pasarela* general (Mintel y von Ondarza, 2022: 3 y 4).

b) Cláusula *pasarela* específica

Los Tratados de la UE también prevén cláusulas *pasarela* específicas para pasar de la unanimidad a mayoría cualificada en seis ámbitos concretos, entre ellos, la PESC. La cláusula *pasarela* específica para la PESC viene establecida en el apartado tercero del artículo 31 del TUE. Ésta permite que el Consejo Europeo pueda "adoptar por unanimidad una decisión que establezca que el Consejo se pronuncie por mayoría cualificada en casos distintos de los previstos en el apartado 2 [los casos en los que ya se permite la mayoría cualificada]". Al igual que la cláusula *pasarela* general, la específica también prohíbe expresamente su uso para decisiones que tengan repercusiones en el ámbito militar o de la defensa (artículo 31.4 TUE) (EUR-Lex, s.f. g).

El ámbito de aplicación de ambas cláusulas *pasarelas*, la general y la específica para la PESC, se solapan, pero se entiende que la especial tiene prioridad sobre la general, además de que el procedimiento para la activación de la

---

33 El artículo 48.7 del TUE establece dos cláusulas pasarela generales, una (el primer apartado de este artículo) para cambiar el sistema de votación de la unanimidad a mayoría cualificada, y otra (el segundo apartado) para cambiar del procedimiento legislativo especial al procedimiento legislativo ordinario.

34 Alemania, necesita adoptar una ley, que la deben aprobar el Bundestag y el Bundesrat por mayoría de dos tercios cada uno (requisitos similares a los de las enmiendas de Tratados). En Austria también se requiere la aprobación de ambas cámaras del parlamento con una mayoría de dos tercios y la presencia de, al menos, la mitad de los parlamentarios. En Dinamarca, se necesita una mayoría parlamentaria simple con más de la mitad de los parlamentarios, pero, si la activación de la cláusula da como resultado ceder soberanía, se debe obtener una mayoría de cinco sextos en el parlamento, lo mismo que para la ratificación de las reformas de los Tratados. En Polonia, Irlanda y la República Checa, ambas cámaras del parlamento deben acordar la autorización. En Malta, la activación de la cláusula se trata como una reforma de Tratados y también requiere aprobación parlamentaria (Mintel y von Ondarza, 2022: 3 y 4).

cláusula *pasarela* específica es más sencillo que el previsto para la cláusula *pasarela* general tanto a nivel europeo como a nivel nacional[35] (Mintel y von Ondarza, 2022: 3 y 4).

La gran innovación y ventaja de las cláusulas *pasarelas* es la flexibilidad que podrían aportar a la toma de decisiones de la UE al permitir modificar el sistema de votación y extender el uso de la mayoría cualificada sin necesidad de reformar los tratados existentes, lo que requiere un procedimiento más complejo y una "doble unanimidad" (ver apartado 3.2.1). Sin embargo, para activarlas, se necesita unanimidad al nivel político más alto (del Consejo Europeo que reúne a los Jefes de Estado o de Gobierno de los Estados Miembros), y esto, como veremos en los apartados siguientes, se encuentra con la negativa de algunos. Es por ello, junto con las complejidades procedimentales que se han señalado, que ni la cláusula *pasarela* general ni la específica para la PESC, han sido activadas hasta el momento, continuando la unanimidad como el sistema de votación por defecto en el Consejo para asuntos de la PESC (Mintel y von Ondarza, 2022: 5; Pomorska y Wessel, 2021).

3.3. Cooperación reforzada

Por su parte, el Tratado de Ámsterdam introdujo el mecanismo de la cooperación reforzada, pero fue el Tratado de Lisboa el que amplió su ámbito de aplicación a la PESC, incluida la PSDC (Wessel & Szép, 2022). Este mecanismo, recogido en el artículo 20 del TUE (junto con los artículos 326 a 334 del TFUE para temas procedimentales y los artículos 42 y 46 para la cooperación reforzada en la PSDC), permite a un grupo de Estados Miembros, con un mínimo de nueve (un tercio de los Estados Miembros), trabajar de forma conjunta en un área concreta de las recogidas en los Tratados que no sea competencia exclusiva de la UE y que, por lo tanto, los Estados Miembros todavía tengan competencia, pero que no todos quieran o no estén preparados para avanzar en esa área específica. Es más, se establece como una medida de último recurso, "cuando [se] haya llegado a la conclusión de que los objetivos perseguidos por dicha cooperación no pueden ser alcanzados en un plazo razonable por la Unión en su conjunto" (artículo 20.2 TUE) y deben estar abiertas a todos los Estados Miembros, "siempre y cuando se respeten las posibles condiciones de participación establecidas en la decisión de autorización" (artículo 328 TFUE). La cooperación reforzada en materia de la PESC debe ser autorizada por el Consejo por unanimidad y se comunica al Parlamento Europeo a título informativo (artículo 329.2 TFUE) (Pavy, 2024).

Solo aquellos Estados Miembros que forman parte de la cooperación reforzada participan en las votaciones en el Consejo para la adopción de las decisiones de las cooperaciones reforzadas, aunque todos puedan participar en las deliberaciones. Dichas decisiones se adoptan dependiendo del ámbito y del tipo de decisión de que se trate, de las disposiciones establecidas en los Tratados y de los acuerdos específicos de cada cooperación reforzada. En este sentido cabe destacar, y en relación al apartado anterior sobre las cláusulas *pasarela* específicas, que precisamente se contempla otra cláusula *pasarela* específica en el artículo 333.1 del TFUE para las cooperaciones reforzadas, que permite al Consejo -en su formación de cooperación reforzada (solo los Estados Miembros que participan en ella)- pronunciarse por mayoría cualificada cuando los Tratados exigen unanimidad, siempre que esto sea aprobado por el propio Consejo por unanimidad.

Los actos adoptados en el marco de una cooperación reforzada vinculan únicamente a los Estados Miembros participantes (artículo 20.4 TUE), pero los no participantes deben abstenerse de obstaculizar o impedir la implementación de los mismos. Por lo que los no participantes están restringidos para tomar acciones autónomas en las áreas cubiertas por la cooperación reforzada (Wessel y Szép, 2022).

Este mecanismo se ha utilizado en otros ámbitos[36] distintos a la PESC y, en el ámbito de la PESC, solo se ha utilizado en la PSDC al permitir, el artículo 42.6 del TUE, que "los Estados Miembros que cumplan criterios más elevados de capacidades militares y que hayan suscrito compromisos más vinculantes en la materia para realizar las misiones

---

35   Aunque algunos Estados Miembros, como Alemania o Dinamarca, requieren consentimiento parlamentario también para la cláusula pasarela específica (Nováky, 2021; Laţici, 2021). Pero, por ejemplo, en el caso de Alemania, el uso de cláusulas pasarela especiales solo requiere una votación por mayoría en el Bundestag, en lugar de la mayoría de dos tercios requerida para la cláusula pasarela general (Mintel y von Ondarza, 2022: 3 y 4).

36   Se utiliza en los ámbitos de la legislación en materia de divorcio, las patentes, el impuesto sobre las transacciones financieras y la creación de la Fiscalía Europea (EUR-Lex, s.f. h).

más exigentes establecerán una cooperación estructurada permanente [...]". Efectivamente, en 2017 se estableció una Cooperación Estructurada Permanente (PESCO, por sus siglas en inglés) para una cooperación más estrecha en el ámbito de la seguridad y defensa entre, actualmente, veintiséis de los veintisiete Estados Miembros, con la excepción de Malta (EUR-Lex, s.f. i). A este respecto, resulta sorprendente, que el artículo 46 del TUE permita al Consejo adoptar por mayoría cualificada, tras consultar al AR, el establecimiento de una cooperación estructurada permanente de carácter militar, mientras se requiere unanimidad en el Consejo para establecer una cooperación permanente en otros ámbitos de la PESC según el artículo 329.2 TFUE, como se ha explicado anteriormente (Wessel, 2021). Cabe mencionar que las decisiones del Consejo en el marco de la PESCO se adoptan por unanimidad de los Estados Miembros participantes en ella y que la cláusula *pasarela* específica del artículo 333.1 del TFUE, no es de aplicación para las decisiones que tengan repercusiones militares o en el ámbito de la defensa (artículo 333.3 del TFUE).

Aunque la cooperación permanente no sirva como vía para un cambio general en la toma de decisiones por mayoría cualificada en la PESC, sí podría utilizarse para cambiar a mayoría cualificada en un área limitada y para un grupo de Estados Miembros a través de la cláusula *pasarela* específica (Mintel & von Ondarza, 2022: 4). Si bien es cierto que el mecanismo de cooperación reforzada genera ciertas dudas o críticas respecto a la creación de una *Europa a la carta* o que puede provocar la fragmentación de la UE debido a que permite avanzar a los Estados Miembros a diferentes ritmos en distintas áreas, por otra parte, permite superar situaciones de paralización ante una determinada propuesta que está bloqueada por uno o varios Estados Miembros que no quieren participar y, con ello, se permite avanzar en la integración a los Estados participantes en esa área específica (Wessel & Szép, 2022), como así ha sucedido con el establecimiento de la PESCO, al permitirse una mayor integración y cooperación en materia de defensa dentro del marco de la UE, y que, de hecho, es percibida como una iniciativa que contribuye a una UE más fuerte y no a fragmentarla (Wessel, 2021: 185 y 189).

Precisamente, "la finalidad de las cooperaciones reforzadas será impulsar los objetivos de la Unión, proteger sus intereses y reforzar su proceso de integración" (artículo 20.1 TUE) y en esa línea se expresó el Parlamento Europeo (2000) al considerar "que la cooperación reforzada deberá constituir una fuerza de atracción para conseguir que progrese la Unión", añadiendo que "se debe recurrir a la cooperación reforzada sólo en los casos de verdadera imposibilidad de acción conjunta por parte de la UE".

Además, sirve como medio para ejercer presión sobre aquellos Estados Miembros que, a menudo, bloquean decisiones conjuntas mientras rechazan un cambio a la mayoría cualificada (Mintel & von Ondarza, 2022: 4).

Capítulo III. Análisis del cambio a mayoría cualificada en la PESC

1. Ventajas y desventajas

1.1. Argumentos a favor

1.1.1. Beneficios de la mayoría cualificada

La ventaja más evidente de acabar con la unanimidad y pasar a la mayoría cualificada en la PESC es la eliminación de la opción de recurrir al veto en el proceso de toma de decisiones en el seno del Consejo de Asuntos Exteriores y, por lo tanto, que un solo Estado no pueda bloquear la adopción de una decisión de la UE en su conjunto. De esta forma, la mayoría cualificada ofrece una salida a la parálisis y los retrasos que genera la regla de la unanimidad, favoreciendo que el proceso de toma de decisiones fuese más rápido y eficaz. En este sentido, Juncker afirmó que la unanimidad en la PESC "cada vez más ha afectado la velocidad y la capacidad de la UE para actuar en la arena global" y "en la política internacional, el tiempo es esencial y la credibilidad de un actor internacional depende de su capacidad para reaccionar de manera rápida y coherente ante crisis y eventos internacionales" (Comisión Europea; 2018). En la misma línea, Borrell (2020) insiste en que "tenemos [la UE] que ser capaces de tomar decisiones colectivas, sobre temas espinosos, en tiempo real. Y esto nos lleva a la cuestión de cómo tomamos decisiones en el ámbito de política exterior". Y no solo eso, sino que además las decisiones podrán ser más contundentes y ambiciosas, al no tener que verse atenuadas o rebajadas al *mínimo común denominador* para que un Estado Miembro no la vete, porque, además, "la realidad es que en política exterior muchas de nuestras decisiones son de naturaleza binaria: se reconoce a un gobierno o no, se lanza una operación de gestión de crisis o no" (Borrell, 2020).

La experiencia en otras políticas donde la regla es la votación por mayoría cualificada ilustra que la mayoría cualificada fomenta que todos los actores se involucren en las negociaciones y que, a pesar de que los intereses entre los Estados Miembros puedan divergir, busquen soluciones comunes (Laţici, 2021). Esto es así debido a que se necesita llegar a compromisos tanto para sacar adelante la propuesta (exigiéndose la doble mayoría de 55% de los Estados Miembros (15 países) que representen el 65% de la población de la UE), como, sobre todo, para rechazarla (que requiere llegar a la minoría de bloqueo de al menos cuatro Estados Miembros que representen el 35% de la población de la UE). Por lo que el cambio en el sistema de votación genera un cambio en las dinámicas de negociación, dado que, por un lado, en la votación por unanimidad, el Estado Miembro que rechaza una propuesta que está siendo debatida y votada en el Consejo, puede, simplemente, usar su derecho de veto para frustrar la adopción, sin necesidad de buscar aliados ni hacer concesiones, lo que otorga un gran poder al Estado que amenaza con vetar una propuesta hasta que se cumplan sus demandas. En el ámbito de la política exterior, que suele requerir respuestas rápidas ante las situaciones de crisis o acontecimientos que van sucediendo en el mundo, el *precio* de convencerlo para que levante su veto aumenta. Por otro lado, en la votación por mayoría cualificada, el Estado Miembro que rechaza una propuesta debe organizar una minoría de bloqueo, para después negociar un compromiso con la mayoría (Mintel y von Ondarza, 2022: 5).

Esto mismo Borrell (2020) lo explica de la siguiente manera: "incluso en las áreas en las que la UE puede tomar decisiones por mayoría cualificada, no lo hace. ¿Por qué? Porque la costumbre del club europeo es trabajar para llegar a compromisos: algo que todos los lideres puedan aceptar. Pero para esto, todos los estados miembros necesitan hacer concesiones y apostar por la unidad. El mero hecho de replegarse en la posición de cada uno crea bloqueos. Y en este sentido específico, tener la opción de la mayoría cualificada es importante: no utilizarla sino crear un incentivo para que los estados miembros cedan y busquen un terreno común". En esta línea también se ha pronunciado Koenig al afirmar que "los muchos otros ámbitos políticos que pasaron a la mayoría cualificada demuestran que la UE seguirá siendo siempre una máquina de hacer concesiones. Pero la mayoría cualificada acelera el proceso. [...], esto es clave para una UE más ágil y, en el futuro, más grande" (Liboreiro, 2023).

De hecho, en las políticas en las que el Consejo puede tomar decisiones por mayoría cualificada, más del 80 % de las decisiones se siguen adoptando por consenso (von Ondarza y Stürzer, 2024). Por lo que, aun cuando es posible tomar decisiones por mayoría cualificada, los Estados Miembros suelen buscar un compromiso que todos, o casi todos, puedan aceptar al final, esforzándose por lograr el mayor consenso posible. Por lo tanto, la votación por mayoría cualificada alienta a los Estados Miembros a participar e intensificar sus esfuerzos en las negociaciones, construir alianzas y lograr acuerdos, en lugar de ser recompensados por su obstruccionismo amenazando con vetar una decisión (Schuette, 2019). Y, de esta forma, también se evitaría el chantaje por parte de un Estado Miembro que bloquea una votación para conseguir concesiones.

Otra de las consecuencias positivas de introducir el voto por mayoría cualificada y, en especial en el ámbito de la PESC, es la de reducir la vulnerabilidad de la UE frente a la influencia de terceros Estados (principalmente China y Rusia) que presionan a aquellos Estados Miembros con los que mantienen estrechos lazos económicos y políticos para que las decisiones de la PESC de la UE no perjudiquen sus intereses. Con la mayoría cualificada, aquellos terceros Estados que pretendan emplear esta táctica de *divide y vencerás*, aprovechándose de las cercanas relaciones bilaterales que tengan con algún Estado Miembro, les resultará más difícil pues necesitarán conseguir que sean al menos cuatro Estados Miembros (y que representen el 35% de la población de la UE) los que sucumban a sus presiones, en vez de un solo Estado, como sucede con la unanimidad (Schuette, 2019).

Pero la votación por mayoría cualificada no solo impediría que los Estados Miembros bloqueen las decisiones de política exterior por presiones de terceros países, sino que también protegería la política exterior de la UE "de las intenciones corrosivas de gobiernos euroescépticos" de algunos Estados Miembros (Nováky, 2021). Por lo tanto, la votación por mayoría cualificada fortalecería la resiliencia del proceso de toma de decisiones de la PESC frente a estos *caballos de Troya* dentro del Consejo, lo que, a su vez, fortalecería la autonomía y la soberanía de la UE como actor internacional. Esto, además, también resultaría beneficioso para los propios Estados Miembros, dado que ya no tendrían que elegir entre mostrar solidaridad y compromiso con sus socios europeos o velar por sus relaciones con terceros países aliados o influyentes (Nováky, 2021).

Además, la mayoría cualificada también implicaría que, al no poderse bloquear la adopción de una decisión en el Consejo por un solo Estado, ya no se señalaría o recriminaría en público, por parte del resto de Estados Miembros y de las instituciones europeas, al Estado causante del bloqueo, lo que contribuiría a reducir las tensiones internas en el ámbito de la PESC (Nováky, 2021). Como sucedió cuando Alemania criticó públicamente a Hungría por vetar una declaración de la UE contra China sobre los derechos humanos en Hong Kong (Von der Burchard et al., 2021) o como sucede en la actualidad, por parte de varios dirigentes criticando a Hungría por sus vetos, o amenazas de usarlo, en las decisiones sobre Rusia y Ucrania.

Todos estos factores, a su vez, facilitarían que fuese surgiendo una auténtica cultura estratégica común europea "con el fin de que los Estados miembros puedan converger y definir una percepción común de las amenazas" (Parlamento Europeo, 2024) –lo que parece querer conseguirse con la *Brújula Estratégica*- y que se fuera normalizando, aún más, la PESC como una verdadera política exterior común de la UE. Sobre todo, permitiría a la UE tener una PESC más efectiva, pudiendo reaccionar y actuar de forma más rápida y eficaz ante el cada vez más cambiante, competitivo y convulso panorama internacional, e impulsando a la UE a jugar un papel más activo y relevante en el mundo, convirtiéndose en un actor global. De esta forma, se contribuiría a cerrar la brecha entre capacidades y expectativas respecto del rol que debería jugar la UE en la escena internacional, y terminar con la paradoja a la que se suele enfrentar la UE cuando "A menudo, la UE tiene dificultades para tomar decisiones sobre política exterior debido a las divisiones entre sus Estados miembros. Y, sin embargo, muchos desean que la UE desempeñe un papel geopolítico más fuerte en un mundo cada vez más peligroso" (Borrell, 2020).

1.1.2. Necesidad del cambio a mayoría cualificada

Aunque el debate sobre el cambio de la unanimidad a mayoría cualificada viene casi desde sus inicios, ha vuelto a resurgir con fuerza en estos momentos debido al contexto internacional actual y a los desafíos y retos a los que se enfrenta la UE. El cambio a la mayoría cualificada para la PESC se hace más necesario por varios motivos que se exponen a continuación.

El motivo que quizás haya hecho revivir con más ímpetu la discusión, ya no solo sobre el paso a mayoría cualificada en la PESC, sino sobre otras muchas reformas internas de la UE, es la perspectiva más realista de una futura ampliación de la UE, por la que la UE pasaría de los 27 Estados Miembros actuales, a una UE de más de 30 Estados Miembros (los países candidatos a entrar en la UE son los países de los Balcanes Occidentales (salvo Kosovo, que tiene estatus de candidato potencial), Ucrania, Moldavia, Georgia y Turquía). Esto supondría que habría más Estados Miembros con opción de vetar las decisiones que se deben aprobar por unanimidad y, por lo tanto, aumentaría el riesgo de bloqueo de la PESC. Por lo que, ante la próxima ampliación, el cambio a la votación por mayoría cualificada en la PESC (como en el resto de las políticas que aún quedan bajo la regla de la unanimidad) se presenta obligado o, de lo contrario, la capacidad de la UE para absorber nuevos miembros y actuar de forma eficiente, podría verse comprometida (Mintel & von Ondarza, 2022).

Asimismo, la mayoría de los países candidatos, salvo Ucrania y Turquía, son países poco poblados. Con la regla de la mayoría cualificada, el porcentaje de votos de los Estados Miembros se determina en función del tamaño de su población, mientras que, con la unanimidad, al concederse el derecho de veto a cada Estado Miembro, estos países tendrían un poder de decisión desproporcionado, y la discrepancia entre el poder de veto y el tamaño de la población o el poder económico aumentaría aún más.

Con la guerra de Rusia contra Ucrania, la creciente asertividad de China en sus relaciones internacionales –como ha reconocido en numerosas ocasiones la UE desde que lanzase en 2019 su estrategia UE-China–, y el creciente clima de competencia y rivalidad geopolítica a nivel global, requiere que la UE lleve a cabo una PESC acorde con este panorama internacional, coherente y efectiva, para poder proteger sus intereses y valores, y poder responder de forma eficaz a los múltiples y complejos desafíos que tiene ante sí.

También influye, como ya se ha mencionado brevemente, el auge de partidos políticos euroescépticos en el seno de la UE que, a pesar de que tras el Brexit ya no proponen la salida de la UE, sí abogan por otro modelo de UE: con menos supranacionalidad y menos poder y competencias para Bruselas y más nacionalismo. Estos partidos son críticos con la UE y suelen estar expuestos a mayor influencia externa, lo que incrementa la vulnerabilidad de la UE, aumentando la importancia y necesidad del cambio a mayoría cualificada (Schuette, 2029).

Además, en una época en la que una política exterior fuerte y coherente de la UE es quizás más necesaria que nunca y en que conceptos como "autonomía estratégica" o "Unión de la Defensa" están entre los principales objetivos de la UE en la actualidad, se ha vuelto menos aceptable que los Estados Miembros bloqueen decisiones de la PESC frustrando la acción exterior colectiva de la UE, y más si es por otras razones no relacionadas con el asunto de la decisión. Lo que sucedió en 2020 cuando Chipre bloqueó la adopción de un régimen de sanciones contra Bielorrusia tras las elecciones que la UE no consideró libres ni justas, no porque estuviera en contra de las sanciones como tal o que éstas afectasen a sus intereses nacionales, sino para forzar a que la UE adoptase medidas más duras contra Turquía por las exploraciones petrolíferas en el mar Mediterráneo (Mintel y von Ondarza, 2022; Pomorska y Wessel, 2021: 353).

Por último, es relevante destacar que la opinión pública se muestra a favor de una política exterior y de seguridad común europea. Según una reciente encuesta del Eurobarómetro, casi siete de cada diez ciudadanos de la UE (69%) están a favor de una política exterior común de los Estados Miembros. Es relevante que, dentro de las principales preocupaciones de los europeos, se encuentran las cuestiones internacionales (la guerra en Ucrania se considera la preocupación más importante a nivel de la UE, seguida de la inmigración y, la tercera, la situación internacional), y la seguridad y la defensa son el primer ámbito en el que se espera que la UE actúe a medio plazo, mencionado por más de un tercio de los encuestados (Comisión Europea, 2024).

En las conclusiones del informe final de la Conferencia sobre el Futuro de Europa, celebrada entre el 2021 y 2022, se propone eliminar el requisito de unanimidad en la mayoría de las áreas políticas de la UE y "en particular en el ámbito de la PESC, haciendo que las cuestiones que actualmente se deciden por unanimidad pasen a decidirse normalmente por mayoría cualificada" con el objetivo de que "la UE mejore su capacidad para tomar decisiones rápidas y efectivas, sobre todo en el ámbito de la PESC, hablando con una sola voz y actuando como un verdadero actor mundial, proyectando un papel positivo en el mundo y marcando la diferencia en respuesta a cualquier crisis" (Conferencia sobre el Futuro de Europa, 2022: 64).

Tanto la encuesta del Eurobarómetro como la Conferencia sobre el Futuro de Europa, nos muestra que los ciudadanos de la UE quieren una UE más fuerte y eficiente en PESC.

1.2. Argumentos en contra

1.2.1. Asuntos sensibles e intereses distintos

La justificación de mantener la PESC bajo el modelo intergubernamental y la regla de la unanimidad, es que se trata de asuntos muy sensibles que afectan a la esfera más próxima de la soberanía de los Estados y, por ello, los Estados Miembros se muestran reacios a ceder soberanía en este ámbito en favor de la UE. Siendo esto verdad, no obstante, parece difícil mantener que otras áreas donde sí se ha extendido el uso del voto por mayoría cualificada, sean menos sensibles o afecten menos a los intereses nacionales y a la soberanía nacional que decisiones de la PESC, como pueden ser el comercio o el área del espacio de libertad y justicia. Puede que el envío de tropas de combate sí lo sea, pero no otras como la adopción de declaraciones o posiciones comunes sobre cuestiones internacionales de derechos humanos o la aprobación de sanciones cuando éstos se vulneran (Schuette, 2019) que, además, entronca con los valores y principios fundamentales de la UE. En este sentido, Borrell (2020) explica que "el contraste aquí se da con aquellas áreas de la UE, por ejemplo, el mercado único, el medio ambiente y la migración, donde la UE puede tomar decisiones por mayoría cualificada. Se trata de cuestiones que no son en absoluto secundarias (reglas del mercado, objetivos medioambientales, etc.). De hecho, están en juego grandes intereses nacionales, que a menudo chocan tanto entre sí como en política exterior". Igualmente, se suele señalar que en política exterior los intereses nacionales de los países europeos son más diversos que en otras áreas que caen bajo la regla de la mayoría cualificada, incrementado por la gran disparidad de poder y capacidades entre los Estados Miembros pequeños y grandes. En este sentido, si bien la mayoría cualificada allanaría el camino en la toma de decisiones de la PESC, no hará desaparecer las divergencias en la evaluación de los retos geopolíticos o las diferencias entre los intereses nacionales. Aunque estas diferencias se den, los intereses nacionales deberían, no obstante, converger, en tanto que la defensa del orden internacional basado en reglas, el respeto al Derecho Internacional, la promoción de la paz, la defensa de la democracia liberal, las libertades fundamentales y a los derechos humanos (los objetivos de la PESC indicados en el artículo 21 del TUE), deberían ser comunes a todos los Estados Miembros ya que son los valores fundacionales de la UE, y éstos se protegen mejor si se hace conjuntamente a nivel europeo, protegiendo así no solo los intereses de la UE, sino también, y de forma complementaria, los intereses nacionales. Por lo tanto, en la búsqueda de un "terreno común" al que se refiere Borrell, y de los consensos necesarios en las votaciones por mayoría cualificada, "la mayoría cualificada incentiva la unidad cuando las diferencias son pequeñas", ayudando a "superar el *narcisismo de las pequeñas diferencias* entre los intereses nacionales que, con demasiada frecuencia, ha impedido una acción conjunta de la UE" (Schuette, 2019).

1.2.2. Reticencias de los Estados pequeños

La mayor reticencia a la eliminación de la unanimidad viene por parte de los Estados pequeños o muy pequeños, debido al requisito adicional de la doble mayoría exigido para alcanzar la mayoría cualificada (55% de Estados Miembros a favor, representando al menos el 65% de la población de la UE), aumentando la influencia de los Estados Miembros que tienen grandes poblaciones frente a aquellos que tienen poblaciones más pequeñas. Esto se debe a que es más fácil alcanzar el requisito del 65% si una propuesta es apoyada por los Estados Miembros más poblados, como Alemania, Francia e Italia, mientras que, por el contrario, es más difícil que una propuesta sea adoptada si no es apoyada por esos Estados Miembros. En otras palabras, cuanto mayor sea la población de un Estado Miembro, mayor será su influencia cuando el Consejo actúe por mayoría cualificada (Nováky, 2021).

Por lo tanto, existe el temor por parte de los Estados pequeños de quedar marginados, que no se les escuche lo suficiente y de que sus intereses nacionales sean ignorados. Por eso, consideran el poder de veto como una *póliza de seguro* para salvaguardar sus intereses nacionales y que éstos no sean superados por la mayoría, como así apunta Borrell (2020): "Otros han señalado el hecho de que el veto nacional es una "póliza de seguro o freno de emergencia" para proteger especialmente la capacidad de los países pequeños de defender sus intereses nacionales fundamentales (los Estados miembros más grandes pueden incluso no necesitar el veto para proteger sus intereses nacionales fundamentales)".

Sin embargo, ante esta preocupación, conviene señalar, por un lado, como se ha mencionado, que la costumbre y la preferencia general es trabajar para llegar a compromisos y actuar por consenso, para que lo que se adopte sea algo que todos los líderes puedan aceptar y para que ningún Estado Miembro sea marginado en una votación (Borrell, 2020; Nováky, 2021). Por otro lado, los Tratados proveen fuertes protecciones a los intereses nacionales importantes, en concreto dos.

En primer lugar, la cláusula de *freno de emergencia* contenida en el artículo 31.2 del TUE, por la que un Estado puede oponerse, "por motivos vitales y explícitos de política nacional", a que se proceda a la votación de una decisión de la PESC por mayoría cualificada, y que, en cambio, se vote por unanimidad en el Consejo Europeo. Este freno de emergencia, por lo tanto, asegura que los intereses nacionales vitales y explícitos están protegidos, a modo de "Compromiso de Luxemburgo".

No obstante, podría darse el riesgo de que esta salvaguarda se utilizase de forma abusiva para seguir bloqueando el proceso de toma de decisiones cuando éstas vayan en su contra, con el peligro de repetirse una situación similar a la vivida durante la "*crisis de la silla vacía*" y que paralizó, en gran medida, el buen funcionamiento de la UE. Por lo que esta cláusula de salvaguarda pudiera llegar a ser *un arma de doble filo*. Para evitar que esto suceda[37], de acuerdo con el propio artículo 31.2, el Consejo debe decidir por mayoría cualificada remitir el asunto al Consejo Europeo para su votación por unanimidad. Lo que significa que el Estado Miembro no puede simplemente vetar una decisión, sino que debe justificar por qué esa decisión va en contra o afecta a sus intereses nacionales *vitales* y con ello debe convencer a los Estados Miembros, que deben aprobar la activación de la cláusula de freno por mayoría cualificada, de que un interés nacional grave está en juego. De lo contrario, la decisión podrá seguir siendo adoptada por mayoría cualificada en el Consejo. Por lo que sólo en casos de gran relevancia y cuando el Estado afectado tenga una justificación sólida, se aplica la cláusula de freno (Navarra et al., 2023: 46).

En segundo lugar, la extensión de la mayoría cualificada que permite las cláusulas *pasarelas* de los artículos 31.3 (la específica) y 48.7 (la general) del TUE, está restringida, al estar expresamente prohibido, aplicarlas para "decisiones que tengan repercusiones en el ámbito militar o de la defensa". Para ampliar la votación por mayoría cualificada en esos ámbitos, tendría que ser por la vía de la reforma de los Tratados, con las complejidades procedimentales y políticas que ello conlleva (ver apartado 3.2.1. Reforma de los Tratados).

Además, como la votación por mayoría cualificada ayudará a convertir a la PESC en una política exterior de la UE común y efectiva, mitigará el riesgo de que se creen foros o grupos pequeños *minilaterales* para tratar asuntos de la política exterior europea fuera del marco de la PESC (como el grupo E3 que forman Alemania, Francia y Reino Unido), donde normalmente los Estados pequeños no están presentes (Nováky, 2021).

1.2.3. Pérdida de unidad y de legitimidad

El actual Presidente del Consejo Europeo, Charles Michel (2020) si bien reconoce que "es cierto que exigir la unanimidad ralentiza y en ocasiones incluso impide la toma de decisiones. Pero esta exigencia nos empuja a trabajar sin descanso para unir a los Estados Miembros. Y esta unidad europea es también nuestra fuerza. La unanimidad promueve un compromiso duradero de los 27 países con las estrategias que se han desarrollado juntos. [...] la confrontación política y el intercambio de argumentos sustantivos son una parte indispensable del proceso de debate democrático. Esto es lo que da legitimidad a las decisiones. La unidad no se desarrolla espontáneamente. Se necesita trabajo, tenacidad y compromiso constante e inquebrantable". Por lo que Charles Michel señala varios de los argumentos a favor de mantener la unanimidad como sistema de votación en el Consejo, como son la unidad interna de la UE, la legitimidad de las decisiones y el compromiso necesario para aplicar esas decisiones.

Ante esta reflexión, Borrell (2020), reconociendo que se tratan de aspectos importantes, señala que "apelar a la necesidad de unidad no es suficiente. La credibilidad de nuestras decisiones dependerá en gran medida de la manera que las tomemos", ya que, efectivamente, se suelen acabar adoptando decisiones en materia de PESC de

---

37   Similar a las cláusulas de freno contempladas en otros ámbitos políticos (la coordinación de los sistemas de seguridad social (art. 48 TFUE), la cooperación judicial en materia penal (art. 82 TFUE) o el establecimiento de normas comunes para determinadas normas asuntos penales (art. 83 TFUE)). Si bien son utilizadas con frecuencia, también ha habido casos en los que los Estados Miembros rechazaron que estuviera en juego un interés nacional vital porque el Estado miembro interesado no podía proporcionar una argumentación convincente y siguieron adelante con la adopción de la decisión por mayoría cualificada (Navarra et al., 2023: 15).

forma consensuada entre todos los Estados Miembros, pero también es importante evaluar cómo se ha llegado hasta ahí, con retrasos y chantajes de por medio o una declaración vacía de contenido como resultado final.

Como se ha explicado, el cambio de unanimidad a mayoría cualificada entraña un cambio en la dinámica de las negociaciones: de las negociaciones *bajo la sombra del veto* por la que a veces ni se llega a proponer la votación sobre un tema cuando se sabe de antemano que va a ser vetada, o por la que el Estado que amenaza con vetarla pide concesiones a cambio para no hacerlo; pasando a las negociaciones sin la necesidad de *mantener a todos a bordo* por la que, por un lado, la mayoría cualificada fomenta la búsqueda de soluciones comunes y compromisos, donde el consenso sigue siendo el objetivo perseguido y deseado aun cuando la regla es la mayoría cualificada. Pero, por otro lado, esta dinámica podría afectar a la unidad de los Estados Miembros y a la naturaleza *común* de la PESC, la política exterior y de seguridad *común* de la UE, con el riesgo de que no se perciba como una decisión común europea y, que ello conduzca a una disminución de la cohesión y legitimidad de la UE, aunque estas inquietudes no se dan respecto de las decisiones que se toman por mayoría cualificada en otros ámbitos (Wessel y Szép, 2022).

La legitimidad democrática podría ponerse en cuestión al no dar su aprobación todos los Estados Miembros a la decisión adoptada, más cuando no hayan sido tenidos en cuenta intereses nacionales de alguno o varios de ellos, o cuando ciertos Estados se vean regularmente silenciados o como perdedores de las votaciones, creándose una minoría estructural (Mintel y von Ondarza, 2022). Sería impensable una decisión de política exterior de la UE sobre Rusia sin la participación de los países bálticos, o sobre Cuba sin España (Pomorska y Wessel, 2021: 355). Esto podría afectar al sentimiento de pertenencia de estos Estados Miembros y a su percepción de apropiación de esa decisión, lo que, a su vez, podría desencadenar serias repercusiones, como el aumento del euroescepticismo o el incumplimiento.

En primer lugar, esta situación podría llevar a un aumento de las voces críticas hacia la UE y alentar el euroescepticismo, incrementado por el cambio en la percepción de soberanía que entraña el cambio a mayoría cualificada. Efectivamente, eliminar la unanimidad implicaría un cambio en el estatus soberano de los Estados Miembros y de la UE en su conjunto, en cuanto a que supondría avanzar en la integración y en la supranacionalidad europea y que la soberanía formal de cada Estado Miembro disminuyese, que es precisamente contra lo que abogan los partidos euroescépticos, que podrían utilizarlo para elevar sus críticas hacia Bruselas (Shuette, 2019).

En segundo lugar, respecto al incumplimiento, surge el problema de qué sucedería y qué se podría hacer ante un Estado Miembro que no cumple con la decisión de la PESC adoptada por mayoría cualificada dado que, de darse este incumplimiento, lo más probable es que provenga de aquellos Estados Miembros que no hayan votado esa decisión, pues tendrán más incentivos para no cumplirla (además, en el caso de las sanciones –como gran parte de la legislación de la UE–, son las autoridades nacionales competentes las que deben llevar a cabo su aplicación). Un claro y controvertido ejemplo de esto fue la adopción por mayoría cualificada de la decisión que establecía la distribución obligatoria de refugiados en 2015 (la política migratoria se adopta por mayoría cualificada), en contra de la voluntad de varios Estados de Europa central y oriental (Rumanía, Eslovaquia, República Checa y Hungría). A pesar de ser jurídicamente vinculante, la decisión nunca se llegó a implementar plenamente y contribuyó a profundizar las divisiones en la UE en cuestiones de política de asilo y migración, y a politizar aún más el tema de la migración (Mintel y von Ondarza, 2022).

Este ejemplo nos muestra las repercusiones que pueden traer consigo una decisión adoptada por mayoría cualificada y sobre un tema tan sensible como la migración. En cambio, ante un incumplimiento de una decisión adoptada de la PESC por mayoría cualificada, el problema reside en que no habría vías legales para exigir al Estado Miembro el cumplimiento de esa decisión, debido a que la Comisión Europea no está habilitada para activar un procedimiento de infracción contra un Estado Miembro en el ámbito de la PESC y el ámbito de competencia del TJUE es muy limitado en este ámbito –y ampliar el mandato de ambos para abarcar la PESC, sí exige una reforma de los Tratados– (Laţici, 2021; Schuette, 2019). Por lo tanto, en este sentido, la unanimidad tiene el beneficio de que la aplicación de la decisión es más fácil al haber sido adoptada por todos los Estados Miembros.

Además, todo esto, podría ahondar en las divisiones internas en la UE y también podría dañar la imagen y la credibilidad exterior de la UE cuando un Estado Miembro no respecte una decisión común adoptada de la PESC.

Para limitar estas consecuencias negativas, el paso a la mayoría cualificada no solamente tiene que servir para hacer a la UE más eficiente en su conjunto, sino que cada Estado Miembro de forma individual lo vea como legítimo. Para ello, se debería subrayar la protección de los intereses nacionales vitales a través del *freno de emergencia* del artículo 31.2 del TUE, la convergencia de los intereses nacionales –y que éstos estarían mejor protegidos a nivel europeo– y el hecho de que la opinión pública esté a favor de una PESC más fuerte. Además, para evitar que la legitimidad democrática se resienta respecto de las decisiones de la PESC adoptadas por mayoría cualificada, este cambio debería ser compensado con una mayor participación y control por parte del Parlamento Europeo, que ya realiza a través de la actividad parlamentaria y el control presupuestario[38] [39] (aunque otorgar mayor poder al Parlamento Europeo respecto de las decisiones de la PESC podría lastrar la rapidez y eficacia que precisamente se busca con el cambio a la votación por mayoría cualificada). Estos elementos harían que el cambio a la votación por mayoría cualificada en la PESC se percibiera como más legítimo (Pomorska y Wessel, 2021; Laţici, 2021; Bendiek et. al, 2020; Schuette, 2019).

Estos argumentos, tanto los negativos como los positivos, deben tenerse en cuenta para intentar paliar los primeros y para destacar los segundos, y así convencer a los Estados Miembros que se muestran más reticentes a abandonar la unanimidad. Enfatizando, igualmente, en la necesidad del cambio a la mayoría cualificada de cara a la futura ampliación de la UE con más de 30 miembros, y en un contexto internacional tan convulso y cambiante como el actual.

2. Posición de los Estados Miembros

2.1. Estados Miembros a favor

Como se ha visto anteriormente (ver apartado 2.2. Motivaciones y causas del veto), la Comisión Europea ha lanzado propuestas para extender el uso de la votación por mayoría cualificada para ciertas áreas de la PESC: cuestiones de derechos humanos, adopción de regímenes de sanciones y misiones civiles, pero fueron rechazadas por los Estados Miembros.

Ciertos Estados Miembros mostraron su apoyo a estas propuestas para pasar a la mayoría cualificada en la PESC. Los líderes de Alemania, la Canciller Angela Merkel, y de Francia, el Presidente Emmanuel Macron, en la Declaración Meseberg en 2018, animaron a "investigar nuevas formas de aumentar la velocidad y eficacia de la toma de decisiones de la UE en nuestra PESC" y a "explorar posibilidades de utilizar la votación por mayoría en el ámbito de la PESC en el marco de un debate más amplio sobre la votación por mayoría en relación con las políticas de la UE" (Comisión Europea, 2018). Igualmente, España y Países Bajos (2019) en una publicación sobre la autonomía estratégica de la UE, consideraron que para "reforzar la capacidad de la UE para defender sus intereses públicos y aumentar su autonomía estratégica abierta, exige mecanismos eficaces de toma de decisiones. Por lo tanto, podría ser útil explorar en qué áreas la extensión de la votación por mayoría cualificada es posible, limitando –cuando sea posible y deseable– las instancias donde la unanimidad obstaculiza la capacidad de acción de la UE".

Alemania ha sido un gran defensor del cambio a la mayoría cualificada y abandonar la unanimidad. En 2021, el Ministro de Asuntos Exteriores alemán, Heiko Maas, declaró que "no podemos permitir ser rehenes de quienes obstaculizan la política exterior europea con sus vetos. Si haces eso, tarde o temprano estarás poniendo en riesgo la cohesión de Europa. El veto tiene que desaparecer, incluso si eso significa que podemos perder una votación" (Brzozowski, 2021).

---

38   Lo que reclama el propio Parlamento al considerar que "es necesario reforzar el control parlamentario institucionalizado de la acción exterior de la Unión, incluido el acceso [...] a información confidencial, a sesiones informativas en el Parlamento Europeo y a canales de comunicación más ágiles con el SEAE; recuerda, en este contexto, el derecho del Parlamento a la información sobre asuntos relacionados con la PESC en virtud del artículo 36 del TUE" y afirma que "el Parlamento debe hacer pleno uso de sus competencias presupuestarias y de supervisión en relación con las decisiones de la Unión en asuntos internacionales" (Parlamento Europeo, 2024).

39   El artículo 36 del TUE establece que: "El AR consultará periódicamente al Parlamento Europeo sobre los aspectos principales y las opciones fundamentales de la PESC y de la PCSD y le informará de la evolución de dichas políticas. Velará por que se tengan debidamente en cuenta las opiniones del Parlamento Europeo. Los representantes especiales podrán estar asociados a la información al Parlamento Europeo. El Parlamento Europeo podrá dirigir preguntas o formular recomendaciones al Consejo y al AR. Dos veces al año procederá a un debate sobre los progresos realizados en el desarrollo de la política exterior y de seguridad común, incluida la política común de seguridad y defensa".

Finlandia también se ha mostrado favorable a la mayoría cualificada al reconocer que "la rapidez y la credibilidad de la PESC pueden mejorarse aumentando el uso de la toma de decisiones por mayoría cualificada y el principio de abstención constructiva". Durante la presidencia finlandesa del Consejo en 2019, Sauli Niinistö, Presidente de Finlandia, declaró que "apoya firmemente el fortalecimiento de la PESC incluso a riesgo de que reduzca los poderes del Presidente de la República" y que "Finlandia necesita "esforzarse por lograr una voz europea común y acciones europeas conjuntas" (Nováky, 2021).

Sin embargo, ha sido la guerra de Rusia contra Ucrania, la vuelta de una nueva ampliación a la agenda de la UE con perspectivas realistas y por razones geopolíticas, y la Conferencia sobre el Futuro de Europa, las que han impulsado de forma notable y significativa el debate sobre la necesidad de llevar a cabo el paso de la unanimidad a la mayoría cualificada en la PESC.

En agosto de 2022, el canciller alemán Olaf Scholz, en un importante discurso en la Universidad Charles de Praga, abogó enérgicamente por el cambio de la unanimidad a la mayoría cualificada en la PESC, siendo necesario, o prácticamente requisito indispensable, para que la UE pueda estar preparada para una nueva ampliación ya que "donde hoy se requiere unanimidad, el riesgo de que un país individual utilice su veto e impida que todos los demás sigan adelante aumenta con cada estado miembro adicional". Señaló que, de no hacerlo "la alternativa a la votación por mayoría sería no mantenerse firme en el *statu quo*. Más bien, sería avanzar en grupos cada vez más diversos, con una jungla de reglas diferentes y complicadas opciones de participación y exclusión. Esa no sería una forma de integración diferenciada. Más bien, sería un enredo confuso y una invitación a todos aquellos que quieran apostar contra una Europa geopolítica unida y enfrentarnos unos a otros" y por eso propuso una transición gradual hacia la mayoría cualificada en la PESC (en sanciones y en cuestiones sobre derechos humanos), a la vez que animaba a hacer un mayor uso de la abstención constructiva (Scholz, 2022).

Tanto es el impulso a la extensión del uso del voto por mayoría cualificada que, en septiembre de 2022 se celebró una reunión del Consejo de Asuntos Generales para discutir sobre la activación de la cláusula *pasarela* para cambiar de la unanimidad a la mayoría cualificada, especialmente en la PESC, en la que "la mayoría de los ministros se mostraron abiertos a considerar el uso de cláusulas *pasarela* en determinados ámbitos, caso por caso" (Consejo de Asuntos Generales, 2022).

Uno de los impulsos e iniciativas más notable ha sido la creación, bajo iniciativa alemana, en mayo del año 2023, del "Grupo de Amigos de la Mayoría Cualificada en la PESC", compuesto por doce Estados Miembros (Alemania, Bélgica, Eslovenia, España, Finlandia, Francia, Italia, Luxemburgo, Países Bajos, a los que se unieron posteriormente Rumania, Suecia y Dinamarca) y otros dos Estados Miembros como observadores (Eslovaquia e Irlanda), con el objetivo de "mejorar la eficacia y la velocidad de nuestra toma de decisiones en política exterior" abogando por la votación por mayoría cualificada en la PESC dado que "la gran mayoría de las decisiones en política exterior de la UE requieren unanimidad, lo que, en algunos casos, puede ralentizar nuestra capacidad de actuar" y "en el contexto de la guerra de agresión de Rusia contra Ucrania y los crecientes desafíos internacionales que enfrenta la UE [...] la política exterior de la UE necesita procesos y procedimientos adaptados para fortalecer a la UE como actor de política exterior. Una mejor toma de decisiones también es clave para que la UE esté preparada para el futuro" y, para conseguirlo, proponen una mayor utilización de las disposiciones que ya están recogidas en el TUE (Baerbock, 2023). En un comunicado conjunto de los ministros de exteriores de los Estados que forman parte del grupo, insisten en que la "capacidad para tomar medidas rápidas y decididas seguirá siendo clave para el papel de la UE como actor de política exterior y dispuesto a defender los valores e intereses de sus ciudadanos en un escenario global cada vez más incierto. Necesitamos una UE que produzca resultados sólidos y tangibles [...] también necesitamos mejorar nuestra capacidad para lograr resultados en tiempos de crisis, ahora más que nunca. Y a medida que la UE se amplía, una integración europea exitosa requiere que sus instituciones funcionen con eficacia" (Federal Foreign Office, 2023).

El Ministro de Exteriores español, José Manuel Albares, justificaba la participación de España en este grupo al afirmar que "el paso a una mayoría cualificada es un avance para que aquel que no se sienta cómodo con alguna medida, no obstaculice a todos los demás cuando queremos que la presencia de la UE se sienta con rapidez en el mundo. Si queremos pensar seriamente en una ampliación, tenemos que repensar las reglas por las cuales nos organizamos para tomar decisiones de manera eficaz. La voz de Europa tiene que oírse con rapidez, eficacia y agilidad" (Ayuso, 2023).

Cabe destacar la participación de Italia en este grupo al estar actualmente presidido por Giorgia Meloni, con postulados contrarios a una mayor integración y centralización de la UE (Buras y Morina, 2023), la participación de Estados pequeños, tanto los que ya se mostraban favorables a la mayoría cualificada como Bélgica o Países Bajos, como otros que se han ido posicionando a favor, como Luxemburgo o Eslovenia, así como el caso de Rumanía, un país mediano y del este de Europa.

A la par del lanzamiento de este "Grupo de Amigos", el 9 de mayo del 2023, Día de Europa, el canciller Scholz pronunció un discurso en la sede del Parlamento Europeo en Estrasburgo a favor de una UE ampliada y reformada, es decir, pedía acabar con las votaciones por unanimidad en política exterior (y fiscalidad) para hacer más gobernable una UE más grande. En palabras de Scholz, "la UE debe cambiar. Necesitamos una UE geopolítica ampliada, reformada y abierta al futuro", "ni la unanimidad ni el 100% de acuerdo en todas las decisiones crean la mayor legitimidad democrática posible. Al contrario. Es la negociación y la lucha por las mayorías y las alianzas lo que nos distingue como demócratas" (Scholz, 2023, Sahuquillo, 2023).

En la Declaración de Granada, adoptada tras la Cumbre informal del Consejo Europeo celebrada en Granada en octubre del 2023 bajo la presidencia rotatoria española del Consejo en el segundo semestre de 2023, se incide en vincular las reformas que la UE necesita, entre las que destaca el paso a la mayoría cualificada, a la posible futura ampliación de la UE. En la Declaración se reconoce que "la ampliación constituye una inversión geoestratégica en la paz, la seguridad, la estabilidad y la prosperidad. [...] Tanto la UE como los futuros Estados miembros deben estar preparados ante la perspectiva de la futura ampliación de la Unión [cumpliendo los criterios de adhesión o criterios de Copenhague]. [...] la Unión debe emprender el trabajo preparatorio en el ámbito interno y acometer las reformas necesarias. [...] Trataremos cuestiones clave relacionadas con nuestras prioridades y políticas, así como con nuestra capacidad de actuar. Esto hará que la UE sea más fuerte y potenciará la soberanía europea" (Consejo Europeo, 2023; Presidencia española del Consejo de la UE, 2023).

Por su parte, las instituciones europeas, la Comisión Europea y el Parlamento Europeo, han pedido desde hace tiempo, el cambio a la votación por mayoría cualificada en la PESC. Recientemente, la Comisión ha vuelto a reiterar su petición de hacer uso del potencial de las alternativas a la unanimidad ya existentes en los Tratados para extender la votación por mayoría cualificada antes de la próxima ampliación (European Commission, 2024). Por su parte, el Parlamento Europeo, señala "la necesidad de evaluar críticamente el equilibrio entre el ideal de unidad y los elevados costes de la unanimidad en términos de credibilidad, en particular teniendo presente la eficacia del funcionamiento de una UE ampliada", lamenta "que Estados miembros concretos hayan utilizado sus derechos de veto para debilitar acuerdos, retrasar la toma de decisiones o directamente para frustrar una política común", y por eso considera que "ha llegado el momento de reformar la toma de decisiones de la Unión [...] mediante la introducción sin mayor demora de la votación por mayoría cualificada para la toma de decisiones en determinados ámbitos de la política exterior de la Unión, como las sanciones, los derechos humanos y la protección del Derecho internacional", manteniendo la unanimidad para las misiones u operaciones militares con un mandato ejecutivo en el marco de la PCSD (Parlamento Europeo, 2023; Parlamento Europeo, 2024).

Todas estas declaraciones e iniciativas muestran el *momentum* actual favorable a la extensión del uso de la mayoría cualificada en la PESC. Los países que lo apoyan argumentan que esto hará que el proceso de decisiones sea más eficiente, sobre todo en una UE con más de 30 Estados Miembros, lo que hará que la política exterior de la UE sea más efectiva. No obstante, hay otros Estados Miembros que se muestran contrarios o reacios a aceptar este cambio.

2.2. Estados Miembros en contra

Otros Estados Miembros se muestran contrarios o reticentes al cambio a la votación por mayoría cualificada en la PESC, porque "no están dispuestos a perder el poder que ya tienen renunciando a su derecho de veto" (Buras y Morina, 2023). Las razones detrás de esta negación, aunque divergen ligeramente dependiendo del Estado que se trate, se pueden sintetizar en dos razones principales y conexas: una, la preocupación de los pequeños Estados de ser ignorados y que sus intereses nacionales se vean sobrepasados por la mayoría, y la otra, el temor al incremento de la influencia de los Estados grandes y, en especial, a la dominación de Francia y Alemania, y que sea el poderoso eje *franco-alemán* el que dicte la PESC de la UE (más ahora que, tras el Brexit, Reino Unido ya no puede hacer de contrapeso al poder franco-alemán y de freno a los avances hacía más integración, como solía hacer). Por lo que la pérdida del derecho de veto se percibe como la privación de una herramienta de la que disponen para proteger sus intereses nacionales y que su voz sea escuchada en Bruselas.

Además, la pérdida del derecho de veto les privaría de poder hacer favores en asuntos de política exterior a terceros países aliados, como Estados Unidos, China o Rusia, con los que mantengan estrechos lazos económicos, estratégicos y políticos (Koenig, 2020).

Estos argumentos se pueden observar en las declaraciones de los Estados Miembros que se oponen a la eliminación de la unanimidad, tradicionalmente los países del noreste, sureste y centro Europa pequeños y medianos, y los países neutrales.

También es conveniente tener en cuenta que, según concluye otro informe de la Fundación de Ciencias y Política alemana titulado "More EU Decisions by Qualified Majority Voting but how? Legal and political options for extending qualified majority voting" [Más decisiones en la UE mediante votación por mayoría cualificada, pero ¿cómo? Opciones jurídicas y políticas para ampliar la votación por mayoría cualificada] (Mintel y von Ondarza, 2022), los países de Europa Central y del Este son los que más se han visto perjudicados en las votaciones por mayoría cualificada, siendo Hungría el que más veces ha perdido en las votaciones en el Consejo desde el Brexit, mientras que Francia, Italia y Alemania rara vez pierden una votación.

Tras el discurso antes mencionado de Olaf Scholz en 2022, el Primer Ministro de Hungría, Viktor Orbán, uno de los países que se opone más fervientemente al paso a mayoría cualificada, respondió "Ustedes [los alemanes] están proponiendo cambiar la unanimidad en política exterior [...] Ahora que los británicos han abandonado [la UE], nosotros, los países de Europa Central, no tenemos poder para organizar ninguna minoría de bloqueo contra una decisión mayoritaria. La única forma en que puedo implementar y proteger los intereses de la política exterior de Hungría es incluirnos en el discurso porque no hay política exterior común sin nosotros. Ahora los alemanes sugieren que abandonemos esto. Ahora, puedo entender si esto lo plantea un país de tamaño mediano. Pero ¿Alemania, que [ya] está ejerciendo presión sobre toda la política europea? Entonces, ¿no debería Alemania ser un poco más cuidadosa con este tipo de propuestas? Porque ¿qué vemos de esto? Que los alemanes quieren decidir en materia de política exterior. Esto no está bien" (Wessel y Szép, 2022). Y, tras el anuncio de la creación del Grupo de Amigos de la Mayoría Cualificada en PESC, el gobierno húngaro reafirmó su intención de "mantener el requisito de unanimidad para proteger los intereses nacionales" (Ayuso, 2023).

El canciller austriaco, Karl Nehammer, también ha rechazado eliminar el veto, al oponerse a ahondar más en la centralización y en la profundización de la integración de la UE, afirmando que "abordar [el desacuerdo] hasta el 27 es el valor añadido de la democracia, la diversidad y, en última instancia, también la unidad", justificándolo en que "cada uno [cada país europeo] tiene una historia especial, peculiaridades especiales", por lo que la UE "nunca encajará en un sistema modelo como el de Estados Unidos" (Buras y Morina, 2023; Kurmayer, 2023).

Croacia también se ha mostrado en contra de abandonar la unanimidad porque, según el Presidente croata Milanović, aunque "No es una cuestión de seguridad que amenace nuestra supervivencia, pero sí amenaza con perturbar un sistema al que nos hemos sumado recientemente. [...] Por supuesto, esto no pasa por canales formales. Más bien, los grandes actores, que nos ven como pequeños bloques de Lego, dicen que se está aboliendo el principio de unanimidad a la hora de tomar algunas decisiones en la UE. [...]. No se puede hacer así porque nos unimos a la Unión con reglas diferentes" (Milanović, 2023). Por su parte, el Primer Ministro croata, Andrej Plenković, cree que "en algunas situaciones potenciales estamos en una mejor posición para proteger los intereses nacionales si todavía existe la regla de la unanimidad en ciertos temas" (Ferenčić, 2023).

Sin embargo, como se ha apuntado, la guerra rusa contra Ucrania y el comportamiento de Hungría amenazando con usar su poder de veto en la adopción de medidas apoyando a Ucrania y de sanciones contra Rusia, ha influido en el aumento del apoyo para eliminar el veto y pasar a la mayoría cualificada en la PESC, al generar una creciente frustración en el resto de Estados Miembros en el Consejo, incluidos los países que se muestran, en principio, más reacios a apoyar el cambio, mientras se hace evidente la urgencia de la adopción de decisiones importantes de forma rápida (Barigazzi y Hanke, 2022; OSW, 2023).

Esto es lo que ha llevado a Eslovenia o a Rumanía a unirse al Grupo de Amigos de la Mayoría Cualificada en PESC. Desde el Ministerio de Asuntos Exteriores esloveno aclaran que "Como país pequeño, queremos exponer cuáles podrían ser nuestros problemas y dejar claro que necesitamos ciertas garantías de que nuestros intereses serán tomados en consideración", en la misma línea se pide desde el Ministerio de Asuntos Exteriores rumano respecto de la importancia de que se garanticen los mecanismos necesarios para proteger y salvaguardar los intereses nacionales y reconocen que "Un proceso de toma de decisiones más eficiente, mediante el uso de la votación por mayoría cualificada, daría a la UE la capacidad de actuar rápidamente y tener impacto" (Euractiv, 2023).

Además, otros Estados Miembros podrían sumarse, dado que algunos ya han expresado su cambio de posición al respecto, otros han manifestado una creciente exasperación con el uso del veto por parte de Hungría, y los hay que, si bien siguen sin posicionarse de manera clara, muestran una actitud más favorable hacia el empleo de las opciones ya existencias en los Tratados para la extensión del uso del voto por mayoría cualificada en determinadas áreas de la PESC (Koenig 2022, OSW, 2023).

Esto se ha podido observar en los Países Bálticos, fuertes defensores del apoyo a Ucrania. Estonia, partidaria de mantener el requisito de la unanimidad en la PESC porque "garantiza que las decisiones que afectan a los intereses de los Estados miembros más pequeños no se tomen por ellos o sin ellos", así como Letonia porque, en palabras de Ināra Mūrniece, Presidenta de la Saeima (Parlamento de Letonia), "La fuerza de la UE reside en su unanimidad. Una UE unánime será respetada internacionalmente" (La Saeima, 2021). No obstante, sus ministros de asuntos exteriores han lamentado que "Cada vez que los Ministros vienen a Bruselas, se enfrentan a los vetos de Hungría sobre iniciativas muy importantes" y que "La unidad política de la UE debería traducirse en resultados reales y prácticos", lamentando que "una serie de cuestiones estén retrasadas en el Consejo" (Liboreiro, 2024). El mismo tono que su homólogo lituano cuando acusó en mayo del 2022 a Hungría de "mantener a la UE como rehén" (Koenig, 2022).

Respecto a los países del sureste de la UE, Bulgaria, Grecia y Chipre, generalmente se han mostrado contrarios a eliminar el requisito de unanimidad para poder proteger sus intereses nacionales, concernientes principalmente a disputas con sus vecinos, sobre todo con Turquía (Buras y Morina, 2023). Sin embargo, el Presidente chipriota, Nikos Christodoulides, ha expresado recientemente que "Si la abolición de la unanimidad conduce al fortalecimiento de la UE, estamos dispuestos a discutirlo" (in-cyprus, 2023).

Entre los que apoyan el paso a la mayoría cualificada en la PESC y los que lo rechazan, hay otro grupo de Estados Miembros que no se posicionan ni a favor ni en contra. Si bien algunos de ellos, debido a la coyuntura actual, se han ido mostrando más abiertos al cambio, sobre todo si se restringe la extensión al uso para sanciones y derechos humanos y, mientras no suponga una reforma de los Tratados ni se extienda a la PSDC, como, por ejemplo, Portugal, Malta o Irlanda –este último se ha unido recientemente al Grupo de Amigos de la Mayoría Cualificada en PESC como observador– (Koenig, 2022). El Ministro de Exteriores irlandés ha expresado que "A pesar de ser un Estado miembro más pequeño, el gobierno irlandés ha mostrado una actitud relativamente constructiva hacia una extensión de la votación por mayoría cualificada [en algunas cuestiones de la PESC]", que "Esa iniciativa estará sobre la mesa [...], porque si ampliamos la UE [...] implicará cambios en el sistema para hacer que la gobernanza funcione mejor", y, a la vez, aboga por el uso de la abstención constructiva como "una forma creativa de permitir que un país mantenga su posición, sin impedir que la gran mayoría de los Estados miembros de la UE hagan lo que creen que es correcto" (Connelly, 2023; Alipour, 2024).

Las diferentes posiciones y declaraciones de los distintos de los Estados Miembros, tanto las favorables como las contrarias o escépticas, muestran las motivaciones, preocupaciones y reticencias respecto al tema en el amplio espectro de países que componen la UE. A través de ellas, tanto las formales como las informales, se puede calibrar el nivel de apoyo actual a la propuesta de pasar de la unanimidad a la votación por mayoría cualificada en la PESC. Si bien se observa un aumento progresivo de los apoyos al cambio, aún hay varios Estados que se oponen.

Figura 2. Comparación de las posiciones de los Estados Miembros respecto la extensión de la mayoría cualificada en PESC (por vía de la cláusula pasarela) entre 2019 y 2024

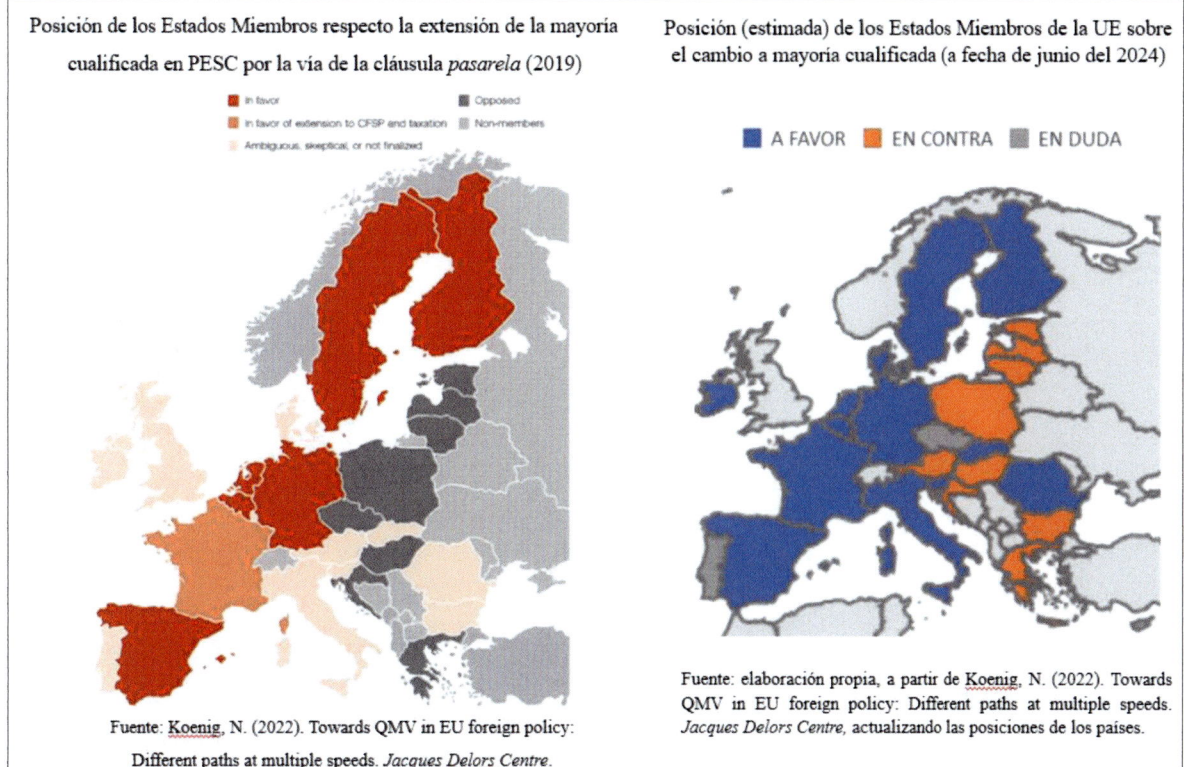

Posición de los Estados Miembros respecto la extensión de la mayoría cualificada en PESC por la vía de la cláusula *pasarela* (2019)

Posición (estimada) de los Estados Miembros de la UE sobre el cambio a mayoría cualificada (a fecha de junio del 2024)

Fuente: Koenig, N. (2022). Towards QMV in EU foreign policy: Different paths at multiple speeds. *Jacques Delors Centre*.

Fuente: elaboración propia, a partir de Koenig, N. (2022). Towards QMV in EU foreign policy: Different paths at multiple speeds. *Jacques Delors Centre*, actualizando las posiciones de los países.

2.3. ¿Cómo convencer a los Estados Miembros?

Ante la paradoja de que, para eliminar el requisito de la unanimidad, se necesita aprobarlo por unanimidad, se debe llegar a convencer a todos los Estados Miembros de los beneficios de la mayoría cualificada y atender las preocupaciones que les genera deshacerse del poder de veto, para así conseguir implementar el cambio en la toma de decisiones de la PESC por mayoría cualificada. Esto se podría intentar conseguir a través de varios puntos claves.

En primer lugar, la introducción parcial de la votación por mayoría cualificada en los casos ya previstos el artículo 31.2 del TUE y extendiendo su uso a través de las vías ya existentes en los Tratados: la cláusula *pasarela* del artículo 31.1 del TUE, para que las decisiones sobre cuestiones de derechos humanos y para el establecimiento de regímenes de sanciones, que son las que menos oposición generan, puedan adoptarse por mayoría cualificada. Así como el fomento de la abstención constructiva. Aunque una introducción gradual solo tendrá pequeños beneficios, ayudará a que se vaya gestando una cultura de mayoría cualificada en la PESC en el Consejo y a disipar las preocupaciones de los países más escépticos (Koenig, 2022).

En segundo lugar, que las negociaciones sobre la activación de la cláusula pasarela vayan conjuntamente al proceso de la próxima ampliación. Como muestran muchas de las declaraciones antes expuestas, ha sido la necesidad de reformar la toma de decisiones ante una futura UE de más de 30 Estados Miembros, una de las razones principales que están detrás del aumento del apoyo a la mayoría cualificada. Es más, algunos de los Estados que más se oponen a la mayoría cualificada, son, al mismo tiempo, los mayores defensores de la nueva ampliación, como los Países Bálticos o Polonia (Wessel y Szép, 2022: 81) y coincide con que son estos países, al verse más expuestos a la amenaza rusa, a los que mayor frustración les genera el uso del veto por parte de Hungría respecto a las medidas relacionadas con la guerra rusa contra Ucrania.

En tercer lugar, insistir en que los intereses nacionales están protegidos por la cláusula de *freno de emergencia* del artículo 31.2 del TUE que permite a un Estado Miembro parar una votación por mayoría cualificada de una decisión de la PESC que afecte a sus intereses nacionales vitales y sea, en su lugar, votada por unanimidad por el Consejo Europeo. Lo que ofrece un buen equilibrio entre la protección de los intereses nacionales y aumentar la capacidad de actuar de la UE en su conjunto (Franco-German Working Group on EU Institutional Reform, 2023).

Por último, en cuarto lugar, introducir la votación por mayoría cualificada reforzada para decisiones de la PESC, con umbrales de votación más altos, como el del artículo 238.3.b) del TFUE, que para poder adoptarse una decisión exige que el 72% de los Estados Miembros voten a favor, en lugar del 55% (lo que equivale a 20 en lugar de 15), representando al menos el 65% de la población (Franco-German Working Group on EU Institutional Reform, 2023; Koenig, 2022; Wessel y Szép, 2022).

Conclusiones

A lo largo del presente trabajo de investigación se ha pretendido argumentar y demostrar las hipótesis que se plantearon al comienzo: en la primera hipótesis, se afirmaba que la regla de la unanimidad lastra la eficacia de la política exterior de la UE y la mayoría cualificada contribuiría a hacerla más ágil y eficiente. En la segunda, se sostenía que el cambio a la mayoría cualificada en la PESC es viable es tanto que los Tratados de la UE contienen mecanismos que permitirían realizar el paso a la mayoría cualificada, y la coyuntura y el contexto internacional actuales facilitarían y justificarían el cambio.

Respecto a la primera hipótesis, el trabajo demuestra, a través del estudio del uso del veto y sus consecuencias negativas para el funcionamiento de la PESC que, efectivamente, la regla de la unanimidad paraliza, en muchas ocasiones, la política exterior de la UE, provocando que llegue mal y tarde en su respuesta a crisis y acontecimientos internacionales, poniendo en riesgo el papel de la UE en el tablero internacional, impidiendo que se desarrolle como un actor global creíble y relevante. Por el contrario, la votación por mayoría cualificada en la PESC, facilitaría un proceso de toma de decisiones más rápido, eficaz y resiliente, sobre todo, reduciendo la vulnerabilidad ante chantajes internos de algunos de los Estados Miembros y ante la influencia de terceros Estados. Por lo tanto, la mayoría cualificada favorecería una PESC más ágil y efectiva, permitiendo a la UE reaccionar y actuar de forma más rápida, eficaz, creíble y coherente, y así proteger mejor sus intereses en el mundo, fortaleciendo su rol como actor global.

No obstante, también se ha podido observar que la mayoría cualificada no es la *panacea*. A pesar de los beneficios que supondría para el mejor funcionamiento de la PESC, también podría conllevar ciertos costes o desventajas, principalmente asociados a una disminución de la unidad y de la legitimidad, y no acabaría con las diferencias de intereses nacionales ni las distintas perspectivas entre los Estados Miembros respecto a las crisis y situaciones internacionales. En cambio, el presente trabajo nos lleva a la conclusión de que los beneficios son mayores que los costes y que, además, los Tratados prevén una fuerte protección para los intereses nacionales.

Vencer las reticencias y hacer posible el cambio a la mayoría cualificada pasa por alcanzar un balance entre la capacidad de actuar de la UE, legitimidad y protección de intereses, logrando hacer ver que éstos estarán mejor protegidos con una PESC más fuerte, dado que la PESC pretende conseguir ser más que el sumatorio de las políticas nacionales de los Estados Miembros y así poder proteger mejor los intereses europeos en un mundo cada vez más hostil y complejo, compensando la pérdida de influencia de los Estados europeos de forma individual, porque, como se suele señalar, en Europa hay dos tipos de Estados, los pequeños y los que todavía no saben que los son.

Respecto a la segunda hipótesis, desde la perspectiva jurídica, se ha comprobado la flexibilidad de los Tratados vigentes al prever, más allá de tener que recurrir a una compleja y complicada reforma de los mismos, otras vías y mecanismos para facilitar el abandono de la unanimidad y una transición a la votación por mayoría cualificada en la PESC, siendo la opción de las cláusulas *pasarelas* la que permitiría implementar dicho cambio. Pero, para activarlas se requiere que todos los Estados Miembros estén de acuerdo, lo que conduce a la paradoja de que, para eliminar la unanimidad, se requiere la previa unanimidad de los Estados Miembros.

Por lo que, para que la política exterior de la UE pueda desarrollarse más y alcanzar todo su potencial, depende de los Estados Miembros. Éstos, hasta el momento, no han querido pasar a la mayoría cualificada ni ceder competencias a la UE, limitándose a dotarse de un complejo marco institucional, de mecanismos y recursos para asegurar una estrecha coordinación de las políticas exteriores nacionales.

A nivel político, parece que el cambio aún está lejos de producirse al haber Estados Miembros contrarios o reticentes a eliminar la unanimidad y abandonar el derecho de veto que les garantiza. Sin embargo, actualmente, como se ha podido comprobar en este trabajo, hay un clima y una tendencia favorables al cambio a la mayoría cualificada, con el aumento de Estados Miembros que lo apoyan, motivados principalmente por la perspectiva de una próxima ampliación que, probablemente, haría ingobernable a la UE de no realizarse este cambio, y ante el contexto geopolítico internacional tan convulso y cambiante, que requiere que la UE lleve a cabo una PESC efectiva. Esto se ha puesto de manifiesto de forma evidente con la guerra rusa contra Ucrania.

Este trabajo muestra la dificultad que tiene, y ha tenido, la UE para lograr un equilibrio entre la soberanía y los intereses de los Estados Miembros, y la necesidad de una toma de decisiones eficiente y efectiva en el ámbito de la PESC. Esto es debido a que el cambio a la mayoría cualificada implica apostar por más supranacionalidad y ceder soberanía estatal. Por lo que la cuestión que pone en evidencia el debate sobre la unanimidad y la mayoría cualificada es si se quiere avanzar en la integración europea y profundizar en las dinámicas supranacionales o bien, mantener el modelo intergubernamental actual de la PESC, anclado en las dinámicas nacionales.

Para concluir respondiendo a la pregunta de investigación, el cambio de la regla de la unanimidad por la mayoría cualificada en el ámbito de la PESC es posible técnicamente dentro del marco regulatorio actual, pero aún falta voluntad política, por parte de algunos Estados Miembros, para llevarlo a cabo, aunque *soplan vientos a favor* que harían avanzar hacia este cambio y, con ello, avanzar en la integración europea en el ámbito de la política exterior y de seguridad común europea.

Bibliografía

1. Fuentes primarias

Baerbock, A. (12-06-2023). *It's time for more majority decision-making in EU foreign policy: Joint article by Foreign Minister Annalena Baerbock and the Foreign Ministers of Belgium, Luxembourg, the Netherlands, Romania, Slovenia und Spain.* Federal Foreign Office Newsroom. It's time for more majority decision-making in EU foreign policy - Federal Foreign Office (auswaertiges-amt.de).

Borrell, J. (02-10-2020). Cuando los estados miembros están divididos, ¿Cómo nos aseguramos de que Europa pueda actuar? *Una ventana al mundo.* Servicio Europeo de Acción Exterior. Cuando los estados miembros están divididos, ¿Cómo nos aseguramos de que Europa pueda actuar? | EEAS.

Michel, C. (28-09-2020). *Strategic autonomy for Europe - the aim of our generation.* Consejo de la UE. 'Strategic autonomy for Europe the aim of our generation' - speech by President Charles Michel to the Bruegel think tank (europa.eu).

Comisión Europea. (12-09-2018). *Estado de la Unión 2018: Hacer de la UE un actor más fuerte a nivel mundial: la Comisión Europea propone una toma de decisiones más eficiente en la Política Exterior y de Seguridad Común.* Estado de la Unión 2018: Hacer de la UE un actor más fuerte a nivel mundial: la Comisión propone una toma de decisiones más eficiente (europa.eu).

Comisión Europea. (16-09-2020). *Discurso sobre el estado de la Unión de la presidenta von der Leyen en la sesión plenaria del Parlamento Europeo.* Discurso sobre el estado de la Unión de la presidenta Von der Leyen (europa.eu)

Comisión Europea. (2022). *La Unión Europea. Qué es y qué hace.* https://op.europa.eu/webpub/com/euwhat-it-is/es/

Comisión Europea. (2024). *Standard Eurobarometer 101 - Spring 2024.* Standard Eurobarometer 101 - Spring 2024 –mayo 2024– Eurobarometer survey (europa.eu).

Conferencia sobre el Futuro de Europa. (2022). *Informe sobre el resultado final.* *Conferencia sobre el futuro de Europa (archive-it.org).

Consejo de Asuntos Generales. (20-09-2022). *Reunión del Consejo de Asuntos Generales, 20 de septiembre de 2022.* Consejo de Asuntos Generales - Consilium (europa.eu).

Consejo Europeo. (06-10-2023). *Declaración de Granada.* Declaración de Granada - Consilium (europa.eu).

Consejo Europeo y Consejo de la Unión Europea. (s.f. a). ¿Cómo adopta y revisa la UE las sanciones? ¿Cómo adopta y revisa la UE las sanciones? - Consilium (europa.eu).

Consejo Europeo y Consejo de la Unión Europea. (s.f. b). *Acuerdos comerciales de la UE.* Acuerdos comerciales de la UE - Consilium (europa.eu).

Consejo Europeo y Consejo de la Unión Europea. (s.f. c). *Sistema de votación del Consejo de la UE.* Sistema de votación - Consilium (europa.eu).

Diario Oficial de la Unión Europea. (2010). Tratado de la Unión Europea: Versión consolidada. Diario Oficial de la Unión Europea, C 83/13.

Diario Oficial de la Unión Europea. (2010). Tratado de Funcionamiento de la Unión Europea: Versión consolidada. Diario Oficial de la Unión Europea, C 83/47 E.

Diario Oficial de la Unión Europea. (2012). Declaraciones anexas al Acta Final de la Conferencia Intergubernamental que ha adoptado el Tratado de Lisboa firmado el 13 de diciembre de 2007. Diario Oficial de la Unión Europea, C 326/337.

EUR-Lex. (s.f. a). *Defensa colectiva.* https://eur-lex.europa.eu/ES/legal-content/glossary/collectivedefence.html

EUR-Lex. (s.f. b). *La política exterior y de seguridad común.* La política exterior y de seguridad común | EUR-Lex (europa.eu).

EUR-Lex. (s.f. c). *Comité Político y de Seguridad (CPS)*. Comité Político y de Seguridad (CPS) - EURLex (europa.eu).

EUR-Lex. (s.f. d). *Personalidad jurídica de la Unión Europea*. Personalidad jurídica de la Unión Europea - EUR-Lex (europa.eu).

EUR-Lex. (s.f. e). *Reparto de competencias en la Unión Europea*. Reparto de competencias en la Unión Europea | EUR-Lex (europa.eu); Reparto de competencias - EUR-Lex (europa.eu).

EUR-Lex. (s.f. f). *Revisión de los tratados de la Unión Europea*. Revisión de los tratados de la Unión Europea | EUR-Lex (europa.eu).

EUR-Lex. (s.f. g). *Cláusulas pasarela*. https://eur-lex.europa.eu/ES/legalcontent/glossary/passerelle_clauses.html

EUR-Lex. (s.f. h). *Cooperación reforzada*. Cooperación reforzada - EUR-Lex (europa.eu).

EUR-Lex. (s.f. i). *Cooperación estructurada permanente en materia de defensa y seguridad*. Cooperación estructurada permanente en materia de defensa y seguridad | EUR-Lex (europa.eu).

EUR-Lex. (s.f. j). *Las decisiones de la Unión Europea*. Las decisiones de la Unión Europea | EUR-Lex (europa.eu).

EUR-Lex. (s.f. k). *Alto Representante de la Unión para Asuntos Exteriores y Política de Seguridad*. Alto Representante de la Unión para Asuntos Exteriores y Política de Seguridad - EUR-Lex (europa.eu).

European Commission. (20-03-2024). *Communication from the Commission to the European Parliament, the European Council and the Council on pre-enlargement reforms and policy reviews (COM(2024) 146 final)*. 926b3cb2-f027-40b6-ac7b-2c198a164c94_en (europa.eu).

Federal Foreign Office. (04-05-2023). *Joint Statement of the Foreign Ministries on the Launch of the Group of Friends on Qualified Majority Voting in EU Common Foreign and Security Policy*. Federal Foreign Office News Newsroom. Joint Statement of the Foreign Ministries on the Launch of the Group of Friends on Qualified Majority Voting in EU Common Foreign and Security Policy - Federal Foreign Office (auswaertiges-amt.de).

La Saeima. (14-12-2021). *Ināra Mūrniece: European Union's strength lies in unanimity*. Latvijas Republikas Saeima. Ināra Mūrniece: European Union's strength lies in unanimity - Latvijas Republikas Saeima.

Milanovi, Z. (1-12-2023). *President Milanović on Abolishing Unanimity in EU Decision Making: It can't be done like that, we joined the Union under different rules*. President of the Republic of Croatia. President Milanović on Abolishing Unanimity in EU Decision Making: It can't be done like that, we joined the Union under different rules - President of the Republic of Croatia - Zoran Milanović (predsjednik.hr).

Ministerio de Asuntos Exteriores, Unión Europea y Cooperación. (s.f.). *Política Exterior y de Seguridad Común de la Unión Europea*. Política Exterior y de Seguridad Común de la Unión Europea (exteriores.gob.es).

Parlamento Europeo. (13-04-2000). *Resolución del Parlamento Europeo que contiene sus propuestas para la Conferencia Intergubernamental (14094/1999 - C5-0341/1999 - 1999/0825(CNS))*. Textos aprobados - CIG - Jueves 13 de abril de 2000 (europa.eu).

Parlamento Europeo. (09-06-2022). *Resolución del Parlamento Europeo sobre la convocatoria de una convención para la revisión de los Tratados (2022/2705(RSP))*. Textos aprobados - Convocatoria de una convención para la revisión de los Tratados - Jueves 9 de junio de 2022 (europa.eu).

Parlamento Europeo. (15-03-2023a). *Recomendación del Parlamento Europeo al Consejo y al vicepresidente de la Comisión / alto representante de la Unión para Asuntos Exteriores y Política de Seguridad sobre el balance del funcionamiento del SEAE y en favor de una Unión Europea más fuerte en el mundo (2021/2065(INI))*. Textos aprobados - El funcionamiento del SEAE y una Unión Europea más fuerte en el mundo - Miércoles 15 de marzo de 2023 (europa.eu).

Parlamento Europeo. (22-11-2023b). *Resolución del Parlamento Europeo sobre las propuestas de enmienda de los Tratados (2022/2051(INL))*. Texts adopted - Proposals of the European Parliament for the amendment of the Treaties - Wednesday, 22 November 2023 (europa.eu).

Parlamento Europeo. (28-02-2024). *Resolución del Parlamento Europeo, de 28 de febrero de 2024, sobre la aplicación de la política exterior y de seguridad común: informe anual 2023 (2023/2117(INI))*. Textos aprobados - Aplicación de la política exterior y de seguridad común: informe anual 2023 - Miércoles 28 de febrero de 2024 (europa.eu).

Presidencia española del Consejo de la UE. (6-10-2023). *Declaración de Granada*. Declaración de Granada (europa.eu).

Scholz, O. (29-08-2022). *Speech by Federal Chancellor Olaf Scholz at the Charles University in Prague*. The Federal Government. Speech Prague "Europe is our future" | Federal Government (bundesregierung.de).

Scholz, O. (09-05-2023). *Speech by the Federal Chancellor in Strasbourg: "Europe must turn its attention to the rest of the world"*. The Federal Government. Scholz addressed the European Parliament | Federal Government (bundesregierung.de).

von der Leyen, U. (1-12-2019). *Carta de mandato enviada a Josep Borrell*. *9d4dabb6-8687-4a4e-823667afd8d42bb3_es (europa.eu).

2. Fuentes secundarias

Libros

Beneyto Pérez, J. M., y Becerril Atienza, B. (2001). Capítulo 3: El proceso de construcción de las comunidades europeas: de la CECA al tratado de la Unión Europea. En R. M. Martín de la Guardia y G. A. Pérez Sánchez (Coords.), *Historia de la integración europea* (1ª ed.). Ariel Estudios Europeo. Editorial Ariel S.A.

Guinea Bonillo, J. (2020). *Historia de la Política Exterior de la Unión Europea (1969 – 2019)* (1ª ed.). Editorial Aranzadi, S.A.U. Pamplona, Navarra.

Keukeleire, S., & Delreux, T. (2022). *The Foreign Policy of the European Union* (3rd ed.). Bloomsbury Academic.

Informes y artículos

Arrufat Cárdava, A. D. (s.f.). La acción exterior de la Unión Europea. La Política Exterior y de Seguridad Común. *Open Europe*. La acción exterior de la Unión Europea. La Política Exterior y de Seguridad Común | Open Europe (openeuropeuv.es).

Becerril, B., Bendiek, A., Jokela, J., Lange, S., Vandenbosch, S. y Wessel, R. (2024). ¿Cómo librarse de los vetos en la Política Exterior y de Seguridad de la UE? Política Exterior. ¿Cómo librarse de los vetos en la Política Exterior y de Seguridad de la UE? | Política Exterior.

Bendiek, A., Ålander, M., & Bochtler, P. (2020). CFSP: The capability-expectation gap revisited. A databased analysis. *Stiftung Wissenschaft und Politik (SWP) 58*. CFSP: The Capability-Expectation Gap Revisited - Stiftung Wissenschaft und Politik (swp-berlin.org); doi:10.18449/2020C58

Buras, P., & Morina, E. (2023). Trampa 27: los razonamientos contradictorios sobre la ampliación de la UE. *ECFR*. Trampa 27: los razonamientos contradictorios sobre la ampliación de la UE | ECFR.

Franco-German Working Group on EU Institutional Reform. (2023). *Sailing on High Seas: Reforming and Enlarging the EU for the 21st Century*. Paper-EU-reform.pdf (politico.eu).

Koenig, N. (2020). Qualified Majority Voting in EU Foreign Policy: Mapping Preferences. *Jacques Delors Center*. Qualified Majority Voting in EU Foreign Policy: Mapping Preferences | Jacques Delors Centre.

Koenig, N. (2022). Towards QMV in EU foreign policy: Different paths at multiple speeds. *Jacques Delors Centre*. Towards QMV in EU Foreign Policy Different Paths at Multi (delorscentre.eu).

Lațici, T. (2021). *Qualified majority voting in foreign and security policy: Pros and cons* (PE 659.451). European Parliamentary Research Service. https://www.europarl.europa.eu/thinktank/en/document.html?reference=EPRS_BRI(2021)659451

Maciejewski, M. (2023). *Los Tratados de Maastricht y Ámsterdam*. Fichas temáticas sobre la Unión Europea. Parlamento Europeo. Los Tratados de Maastricht y Ámsterdam | Fichas temáticas sobre la Unión Europea | Parlamento Europeo (europa.eu).

Maciejewski, M. (2024). *El Tratado de Niza y la Convención sobre el futuro de Europa. En La evolución histórica de la integración europea. Fichas temáticas sobre la Unión Europea*. Parlamento Europeo: El Tratado de Niza y la Convención sobre el futuro de Europa | Fichas temáticas sobre la Unión Europea | Parlamento Europeo.

Malovec, M. (2023). *La política exterior: objetivos, mecanismos y resultados*. Fichas temáticas sobre la Unión Europea. Parlamento Europeo. https://www.europarl.europa.eu/erpl-apppublic/factsheets/pdf/es/FTU_5.1.1.pdf

Meijer, H. y Brooks, S., Illusions of Autonomy: Why Europe Cannot Provide for Its Security If the United States Pulls Back. *International Security*, Vol. 45, No. 4 (Spring 2021), pp. 7–43, doi.org/10.1162/isec_a_00405 ; Illusions of Autonomy: Why Europe Cannot Provide for Its Security If the United States Pulls Back | The Belfer Center for Science and International Affairs.

Mestres i Camps, L. (2019). *La historia del proceso de integración europea*. Universitat Oberta de Catalunya. La historia del proceso de integración europea (uoc.edu).

Mintel, J. y von Ondarza, N. (2022). More EU Decisions by Qualified Majority Voting – but How? Legal and political options for extending qualified majority voting. *Stiftung Wissenschaft und Politik (SWP) 61*. More EU Decisions by Qualified Majority Voting – but How? - Stiftung Wissenschaft und Politik (swpberlin.org); doi:10.18449/2022C61

Mora, E. (2018). Mayoría cualificada o la solución para el problema equivocado. *Política Exterior*. Mayoría cualificada o la solución para el problema equivocado (politicaexterior.com).

Navarra, C., Jančová, L., & Ioannides, I. (2023). *Qualified majority voting in EU common foreign and security policy*. European Parliamentary Research Service. EPRS_STU(2023)740243_EN.pdf (europa.eu).

Nováky, N. (2021). Qualified Majority Voting in EU Foreign Policy: Make It So. *European View, 20*(2). https://doi.org/10.1177/17816858211061837

Núñez Villaverde, J. A. (24-05-2023). Unión Europea, de la unanimidad a la mayoría cualificada en el marco de la PESC. *Real Instituto Elcano*. Unión Europea, de la unanimidad a la mayoría cualificada en el marco de la PESC - Real Instituto Elcano.

OSW Centre for Eastern Studies. (2023). The EU debate on qualified majority voting in the Common Foreign and Security Policy: Reform and enlargement. *OSW team*. The EU debate on qualified majority voting in the Common Foreign and Security Policy. Reform and enlargement | OSW Centre for Eastern Studies.

Pavy, E. (2024). *Los procedimientos intergubernamentales de adopción de decisiones*. Fichas temáticas sobre la Unión Europea. Parlamento Europeo. El Parlamento Europeo: modalidades de elección | Fichas temáticas sobre la Unión Europea | Parlamento Europeo (europa.eu).

Pavy, E. (2024). *El Tratado de Lisboa*. La evolución histórica de la integración europea. Fichas temáticas sobre la Unión Europea. Parlamento Europeo. El Tratado de Lisboa | Fichas temáticas sobre la Unión Europea | Parlamento Europeo (europa.eu).

Pomorska, K. y Wessel, R. (2021). Qualified Majority Voting in CFSP: A Solution to the Wrong Problem? *European Foreign Affairs Review 26* (3), 351–358. https://doi.org/10.54648/eerr2021031

Priego, A. (30-09-2020). #Competencias&ExpectativasUE: "La PESC, ¿Política Exterior de un Estado o coordinación en el marco de una OI? *Real Instituto Universitario de Estudios Europeos*. #Competencias&ExpectativasUE: "La PESC, ¿Política Exterior de un Estado o coordinación en el marco de una OI? – BLOG – Real Instituto Universitario de Estudios Europeos (ceu.es).

Schuette, L. (2019). Should the EU make foreign policy decisions by majority voting? *Center for European Reform*. https://www.cer.eu/publications/archive/policy-brief/2019/should-eu-make-foreignpolicydecisions-majority-voting.

Sotiropoulos, D. A. (2024). Greece's Response to the Challenges of Deepening EU Integration & Further Enlargement. *Hellenic Foundation for European & Foreign Policy (ELIAMEP)*. Policy Paper #162/2024. https://www.eliamep.gr/wp-content/uploads/2024/05/Policy-paper-162-SotiropoulosEN-final.pdf

van Elsuwege, P. (23-10-2023). What the Chaotic Reactions of the EU to the Israel-Hamas War Reveal About the State of European Foreign Policy. *Verfassungsblog*. Who Speaks on Behalf of the European Union? – Verfassungsblog.

von Ondarza, N., & Stürzer, I. (2024). The State of Consensus in the EU. What Is the Way Forward in the Debate about Expanding Qualified Majority Decisions? *Stiftung Wissenschaft und Politik (SWP) 16*. The State of Consensus in the EU - Stiftung Wissenschaft und Politik (swp-berlin.org); doi:10.18449/2024C16

Wessel, R.A. (2021). The Participation of Members and Non-members in EU Foreign, Security and Defence Policy. In: Douma, W.T., Eckes, C., Van Elsuwege, P., Kassoti, E., Ott, A., Wessel, R.A. (Eds.), *The Evolving Nature of EU External Relations Law*. T.M.C. Asser Press, The Hague. 177 - 201. https://doi.org/10.1007/978-94-6265-423-5_8

Wessel, R. A., y Szép, V. (2022). *The implementation of Article 31 of the Treaty on European Union and the use of Qualified Majority Voting: Towards a more effective Common Foreign and Security Policy?* Policy Department for Citizens' Rights and Constitutional Affairs, Directorate-General for Internal Policies, European Parliament. The implementation of Article 31 of the Treaty on European Union and the use of Qualified Majority Voting (europa.eu)

Noticias

Alarcón, N. (21-09-2020). La unanimidad secuestra las sanciones de la UE contra Bielorrusia. *El Confidencial*. La unanimidad secuestra las sanciones de la UE contra Bielorrusia (elconfidencial.com).

Alipour, N. (19-01-2024). Removing countries from EU could be option to resolve blockade, Ireland says. *Euractiv*. Removing countries from EU could be option to resolve blockade, Ireland says – Euractiv.

Arana, I. (13-07-2017). China silencia a las potencias occidentales en derechos humanos. *El Mundo*. China silencia a las potencias occidentales en derechos humanos | Internacional (elmundo.es).

Ayuso, S. (22-05-2023). España impulsará la reforma del voto en política exterior europea para acabar con los vetos. *El País*. España impulsará la reforma del voto en política exterior europea para acabar con los vetos | Internacional | EL PAÍS (elpais.com).

Barigazzi, J., y De La Baume, M. (21-09-2015). EU forces through refugee deal: Countries outvote Eastern.

European opponents of plan that relocates asylum-seekers. *Politico*. EU forces through refugee deal – Político.

Barigazzi, J., y Hanke Vela, J. (20-09-2022). EU's unanimity rules are here for now, despite chatter. *Politico*. EU's unanimity rules are here for now, despite chatter – Político.

Brennan, J. (25-05-2022). Taoiseach 'open' to EU treaty change to remove vetoes on enlargement and sanctions. *The Irish Times*. Taoiseach 'open' to EU treaty change to remove vetoes on enlargement and sanctions – The Irish Times.

Brzozowski, A. (07-06-2021). Germany slams 'hostage-taking' of EU's foreign policy. *Euractiv*. Germany slams 'hostage-taking' of EU's foreign policy – Euractiv.

Camut, N. (13-12-2023). Commission unblocks €10.2B for Hungary as EU tries to sway Viktor Orbán on Ukraine. *Politico*. Commission unblocks €10.2B for Hungary as EU tries to sway Viktor Orbán on Ukraine – POLITICO.

Camut, N. (12-12-2023). Orbán aide: Hungary could lift Ukraine funds veto if EU unblocks all frozen cash. *Politico*. Orbán aide: Hungary could lift Ukraine funds veto if EU unblocks all frozen cash – Político.

Chalmers, J., & Emmott, R. (16-04-2021). Hungary blocks EU statement criticising China over Hong Kong, diplomats say. *Reuters*. Hungary blocks EU statement criticising China over Hong Kong, diplomats say | Reuters.

Connelly, T. (22-05-2023). Ireland 'open to reforms' on EU veto - Tánaiste. *RTE*. Ireland 'open to reforms' on EU veto - Tánaiste (rte.ie).

ERR. (23-01-2023). Government backs unanimity requirement in EU foreign policy. *ERR*. Government backs unanimity requirement in EU foreign policy | News | ERR.

ERR. (18-03-2023). European Parliament favors axing unanimity on some foreign policy decisions. *ERR*. European Parliament favors axing unanimity on some foreign policy decisions | News | ERR.

Euractiv. (25-03-2021). Joint Spanish-Dutch non-paper on EU strategic autonomy. *Euractiv*. Joint SpanishDutch non-paper on EU strategic autonomy – Euractiv ; *pdf (overheid.nl).

Euractiv. (28-11-2022). EU military aid to Ukraine: Training mission and replenishment of weapons stockpiles. *EUROEFE EURACTIV*. EU military aid to Ukraine: Training mission and replenishment of weapons stockpiles – EUROEFE Euractiv.

Euractiv. (05-06-2023). Less is more in foreign policy: unanimity hanging by a thread? *Euractiv*. Less is more in foreign policy: unanimity hanging by a thread? – EUROEFE Euractiv.

Ferenčić, D. (16-11-2023). Plenković says Croatia is opposed to qualified majority system. *The Voice of Croatia*. HRT: Plenković says Croatia is opposed to qualified majority system.

Herszenhorn, D. M. (04-02-2019). Venezuela's chaos exposes EU disarray on foreign policy. *Político*. Venezuela's chaos exposes EU disarray on foreign policy – Político.

in-cyprus.com. (13-11-2023). President Christodoulides open to abolishing unanimity requirement in EU foreign policy. *in-cyprus.com*. President Christodoulides open to abolishing unanimity requirement in EU foreign policy | in-cyprus.com (philenews.com).

Kurmayer, N. J. (05-05-2023). Austria rejects German push for EU majority voting. *Euractiv*. Austria rejects German push for EU majority voting – Euractiv.

Lázaro, A. (21-09-2020). Chipre bloquea las sanciones contra Bielorrusia y exige medidas similares contra Turquía. *Euronews*. Chipre bloquea las sanciones contra Bielorrusia y exige medidas similares contra Turquía | Euronews.

Liboreiro, J. (13-06-2022). Olaf Scholz says EU must reform to cope with enlarging to 30-36 members. *Euronews*. Olaf Scholz says EU must reform to cope with enlarging to 30-36 members | Euronews.

Liboreiro, J. (2023). De la unanimidad a la mayoría cualificada: ¿Podrá la UE desbloquear el veto? *Euronews*. De la unanimidad a la mayoría cualificada | ¿Podrá la UE desbloquear el veto? | Euronews.

Liboreiro, J. (27-05-2024). 'It has gone very far:' EU countries voice exasperation over Hungary's vetoes on Ukraine aid. *Euronews*. 'It has gone very far:' EU countries voice exasperation over Hungary's vetoes on Ukraine aid | Euronews.

Rettman, A. (11-09-2020). Cyprus blocking EU sanctions on Belarus. *EUobserver*. Cyprus blocking EU sanctions on Belarus (euobserver.com).

Sahuquillo, M. R. (09-05-2023). Scholz reclama reformas profundas en la UE para afrontar la ampliación. *El País*. Scholz reclama reformas profundas en la UE para afrontar la ampliación | Internacional | El País (elpais.com).

Von der Burchard, H., & Barigazzi, J. (10-05-2021). Germany slams Hungary for blocking EU criticism of China on Hong Kong. *Político*. Germany slams Hungary for blocking EU criticism of China on Hong Kong – Político.

Von der Burchard, H., & Lau, S. (04-06 2021). Germany chides Hungary (again) over blocked Hong Kong support. *Político*. Germany chides Hungary (again) over blocked Hong Kong support – Político.

Weatherald, N., & Kurmayer, N. J. (29-08-2022). European treaties 'aren't set in stone,' says Scholz. *Euroactiv*. European treaties 'aren't set in stone,' says Scholz – Euractiv.

Xuereb, M. (30-08-2020). Malta stands by EU veto but will 'engage constructively' in talks. *Times of Malta*. Malta stands by EU veto but will 'engage constructively' in talks (timesofmalta.com).

Números Publicados

Serie Unión Europea y Relaciones Internacionales

Nº 1/2000 «La política monetaria única de la Unión Europea»
Rafael Pampillón Olmedo

Nº 2/2000 «Nacionalismo e integración»
Leonardo Caruana de las Cagigas y Eduardo González Calleja

Nº 1/2001 «Standard and Harmonize: Tax Arbitrage»
Nohemi Boal Velasco y Mariano González Sánchez

Nº 2/2001 «Alemania y la ampliación al este: convergencias y divergencias»
José María Beneyto Pérez

Nº 3/2001 «Towards a common European diplomacy? Analysis of the European Parliament resolution
on establishing a common diplomacy (A5-0210/2000)»
Belén Becerril Atienza y Gerardo Galeote Quecedo

Nº 4/2001 «La Política de Inmigración en la Unión Europea»
Patricia Argerey Vilar

Nº 1/2002 «ALCA: Adiós al modelo de integración europea?»
Mario Jaramillo Contreras

Nº 2/2002 «La crisis de Oriente Medio: Palestina»
Leonardo Caruana de las Cagigas

Nº 3/2002 «El establecimiento de una delimitación más precisa de las competencias entre la Unión Europea
y los Estados miembros»
José María Beneyto y Claus Giering

Nº 4/2002 «La sociedad anónima europea»
Manuel García Riestra

Nº 5/2002 «Jerarquía y tipología normativa, procesos legislativos y separación de poderes en la Unión Europea:
hacia un modelo más claro y transparente»
Alberto Gil Ibáñez

Nº 6/2002 «Análisis de situación y opciones respecto a la posición de las Regiones en el ámbito de la UE.
Especial atención al Comité de las Regiones»
Alberto Gil Ibáñez

Nº 7/2002 «Die Festlegung einer genaueren Abgrenzung der Kompetenzen zwischen der Europäischen Union
und den Mitgliedstaaten»
José María Beneyto y Claus Giering

Nº 1/2003 «Un español en Europa. Una aproximación a Juan Luis Vives»
José Peña González

Nº 2/2003 «El mercado del arte y los obstáculos fiscales ¿Una asignatura pendiente en la Unión Europea?»
Pablo Siegrist Ridruejo

Nº 1/2004 «Evolución en el ámbito del pensamiento de las relaciones España-Europa»
José Peña González

Nº 2/2004 «La sociedad europea: un régimen fragmentario con intención armonizadora»
Alfonso Martínez Echevarría y García de Dueñas

Nº 3/2004 «Tres operaciones PESD: Bosnia y Herzegovina, Macedonia y República Democrática de Congo»
Berta Carrión Ramírez

Nº 4/2004 «Turquía: El largo camino hacia Europa»
Delia Contreras

Nº 5/2004 «En el horizonte de la tutela judicial efectiva, el TJCE supera la interpretación restrictiva de la legitimación activa mediante el uso de la cuestión prejudicial y la excepción de ilegalidad»
Alfonso Rincón García Loygorri

Nº 1/2005 «The Biret cases: what effects do WTO dispute settlement rulings have in EU law?»
Adrian Emch

Nº 2/2005 «Las ofertas públicas de adquisición de títulos desde la perspectiva comunitaria en el marco de la creación de un espacio financiero integrado»
José María Beneyto y José Puente

Nº 3/2005 «Las regiones ultraperiféricas de la UE: evolución de las mismas como consecuencia de las políticas específicas aplicadas. Canarias como ejemplo»
Carlota González Láynez

Nº 24/2006 «El Imperio Otomano: ¿por tercera vez a las puertas de Viena?»
Alejandra Arana

Nº 25/2006 «Bioterrorismo: la amenaza latente»
Ignacio Ibáñez Ferrándiz

Nº 26/2006 «Inmigración y redefinición de la identidad europea»
Diego Acosta Arcarazo

Nº 27/2007 «Procesos de integración en Sudamérica. Un proyecto más ambicioso: la comunidad sudamericana de naciones»
Raquel Turienzo Carracedo

Nº 28/2007 «El poder del derecho en el orden internacional. Estudio crítico de la aplicación de la norma democrática por el Consejo de Seguridad y la Unión Europea»
Gaspar Atienza Becerril

Nº 29/2008 «Iraqi Kurdistan: Past, Present and Future. A look at the history, the contemporary situation and the future for the Kurdish parts of Iraq»
Egil Thorsås

Nº 30/2008 «Los desafíos de la creciente presencia de China en el continente africano»
Marisa Caroço Amaro

Nº 31/2009 «La cooperación al desarrollo: un traje a medida para cada contexto. Las prioridades para la promoción de la buena gobernanza en terceros países: la Unión Europea, los Estados Unidos y la Organización de las Naciones Unidas»
Anne Van Nistelroo

Nº 32/2009 «Desafíos y oportunidades en las relaciones entre la Unión Europea y Turquía»
Manuela Gambino

Nº 33/2010 «Las relaciones trasatlánticas tras la crisis financiera internacional: oportunidades para la Presidencia Española»
Román Escolano

Nº 34/2010 «Los derechos fundamentales en los tratados europeos. Evolución y situación actual»
Silvia Ortiz Herrera

Nº 35/2010 «La Unión Europea ante los retos de la democratización en Cuba»
Delia Contreras

Nº 36/2010 «La asociación estratégica UE-Brasil. Retórica y pragmatismo en las relaciones Euro-Brasileñas(Vol 1 y 2)»
Ana Isabel Rodríguez Iglesias

Nº 37/2011 «China's foreign policy: A European Perspective»
Fernando Delage y Gracia Abad

Nº 38/2011 «China's Priorities and Strategy in China-EU Relations»
Chen Zhimin, Dai Bingran, Zhongqi Pan and Ding Chun

Nº 39/2011 «Motor or Brake for European Policies? Germany's new role in the EU after the Lisbon-Judgment of its Federal Constitutional Court»
Ingolf Pernice

Nº 40/2011 «Back to Square One: the Past, Present and Future of the Simmenthal Mandate»
Siniša Rodin

Nº 41/2011 «Lisbon before the Courts: Comparative Perspectives»
Mattias Wendel

Nº 42/2011 «The Spanish Constitutional Court, European Law and the constitutional traditions common to the member states (Art. 6.3 TUE). Lisbon and beyond»
Antonio López-Pina

Nº 43/2011 «Women in the Islamic Republic of Iran: The Paradox of less Rights and more Opportunities»
Désirée Emilie Simonetti

Nº 44/2011 «China and the Global Political Economy»
Weiping Huang & Xinning Song

Nº 45/2011 «Multilateralism and Soft Diplomacy»
Juliet Lodge and Angela Carpenter

Nº 46/2011 «FDI and Business Networks: The EU-China Foreign Direct Investment Relationship»
Jeremy Clegg and Hinrich Voss

Nº 47/2011 «China within the emerging Asian multilateralism and regionalism. As perceived through a comparison with the European Neighborhood Policy»
Maria-Eugenia Bardaro & Frederik Ponjaert

Nº 48/2011 «Multilateralism and global governance»
Mario Telò

Nº 49/2011 «EU-China: Bilateral Trade Relations and Business Cooperation»
Enrique Fanjul

Nº 50/2011 «Political Dialogue in EU-China Relations»
José María Beneyto, Alicia Sorroza, Inmaculada Hurtado y Justo Corti

Nº 51/2011 «La Política Energética Exterior de la Unión Europea. Entre dependencia, seguridad de abastecimiento, mercado y geopolítica»
Marco Villa

Nº 52/2011 «Los Inicios del Servicio Europeo de Acción Exterior»
Macarena Esteban Guadalix

Nº 53/2011 «Holding Europe's CFSP/CSDP Executive to Account in the Age of the Lisbon Treaty»
Daniel Thym

Nº 54/2011 «El conflicto en el Ártico: ¿hacia un tratado internacional?»
Alberto Trillo Barca

Nº 55/2012 «Turkey's Accession to the European Union: Going Nowhere»
William Chislett

Nº 56/2012 «Las relaciones entre la Unión Europea y la Federación Rusa en materia de seguridad y defensa. Reflexiones al calor del nuevo concepto estratégico de la Alianza Atlántica»
Jesús Elguea Palacios

Nº 57/2012 «The Multiannual Financial Framework 2014-2020: A Preliminary analysis of the Spanish position»
Mario Kölling y Cristina Serrano Leal

Nº 58/2012 «Preserving Sovereignty, Delaying the Supranational Constitutional Moment? The CJEU as the Anti-Model for regional judiciaries»
Allan F. Tatham

Nº 59/2012 «La participación de las Comunidades Autónomas en el diseño y la negociación de la Política de Cohesión para el periodo 2014-2020»
Mario Kölling y Cristina Serrano Leal

Nº 60/2012 «El planteamiento de las asociaciones estratégicas: la respuesta europea ante los desafíos que presenta el Nuevo Orden Mundial»
Javier García Toni

Nº 61/2012 «La dimensión global del Constitucionalismo Multinivel. Una respuesta legal a los desafíos de la globalización»
Ingolf Pernice

Nº 62/2012 «EU External Relations: the Governance Mode of Foreign Policy»
Gráinne de Búrca

Nº 63/2012 «La propiedad intelectual en China: cambios y adaptaciones a los cánones internacionales»
Paula Tallón Queija

Nº 64/2012 «Contribuciones del presupuesto comunitario a la gobernanza global: claves desde Europa»
Cristina Serrano Leal

Nº 65/2013 «Las Relaciones Germano-Estadounidenses entre 1933 y 1945»
Pablo Guerrero García

Nº 66/2013 «El futuro de la agricultura europea ante los nuevos desafíos mundiales»
Marta Llorca Gomis, Raquel Antón Martín, Carmen Durán Vizán, Jaime del Olmo Morillo-Velarde

Nº 67/2013 «¿Cómo será la guerra en el futuro? La perspectiva norteamericana»
Salvador Sánchez Tapia

Nº 68/2013 «Políticas y Estrategias de Comunicación de la Comisión Europea: Actores y procesos desde que se aprueban hasta que la información llega a la ciudadanía española»
Marta Hernández Ruiz

Nº 69/2013 «El reglamento europeo de sucesiones. Tribunales competentes y ley aplicable. Excepciones al principio general de unidad de ley»
Silvia Ortiz Herrera

Nº 70/2013 «Private Sector Protagonism in U.S. Humanitarian Aid»
Sarah Elizabeth Capers

Nº 71/2014 «Integration of Turkish Minorities in Germany»
Iraia Eizmendi Alonso

Nº 72/2014 «La imagen de España en el exterior: La Marca España»
Marta Sabater Ramis

Nº 73/2014 «Aportaciones del Mercado Interior y la política de competencia europea: lecciones a considerar por otras áreas de integración regional»
Jerónimo Maillo

Nº 74/2015 «Las relaciones de la UE con sus socios meridionales a la luz de la Primavera Árabe»
Paloma Luengos Fernández

Nº 75/2015 «De Viena a Sarajevo: un estudio del equilibrio de poder en Europa entre 1815 y 1914»
Álvaro Silva Soto

Nº 76/2015 «El avance de la ultraderecha en la Unión Europea como consecuencia de la crisis: Una perspectiva del contexto político de Grecia y Francia según la teoría del «chivo expiatorio»»
Eduardo Torrecilla Giménez

Nº 77/2016 «La influencia de los factores culturales en la internacionalización de la empresa: El caso de España y Alemania»
Blanca Sánchez Goyenechea

Nº 78/2016 «La Cooperación Estructurada Permanente como instrumento para una defensa común»
Elena Martínez Padilla

Nº 79/2017 «The European refugee crisis and the EU-Turkey deal on migrants and refugees»
Guido Savasta

Nº 80/2017 «Brexit:How did the UK get here?»
Izabela Daleszak

Nº 81/2017 «Las ONGD españolas: necesidad de adaptación al nuevo contexto para sobrevivir»
Carmen Moreno Quintero

Nº 82/2017 «Los nuevos instrumentos y los objetivos de política económica en la UE:
efectos de la crisis sobre las desigualdades»
Miguel Moltó

Nº 83/2017 «Peace and Reconciliation Processes: The Northern Irish case and its lessons»
Carlos Johnston Sánchez

Nº 84/2018 «Cuba en el mundo: el papel de Estados Unidos, la Unión Europea y España»
Paula Foces Rubio

Nº 85/2018 «Environmental Protection Efforts and the Threat of Climate Change in the Arctic: Examined Through
International Perspectives Including the European Union and the United States of America»
Kristina Morris

Nº 86/2018 «La Unión Europea pide la palabra en la (nueva) escena internacional»
José Martín y Pérez de Nanclares

Nº 87/2019 «El impacto de la integración regional africana dentro del marco de asociación UE-ACP
y su implicación en las relaciones post Cotonú 2020»
Sandra Moreno Ayala

Nº 88/2019 «Lucha contra el narcotráfico: un análisis comparativo del Plan Colombia y la Iniciativa Mérida»
Blanca Paniego Gámez

Nº 89/2019 «Desinformación en la UE: ¿amenaza híbrida o fenómeno comunicativo?
Evolución de la estrategia de la UE desde 2015»
Elena Terán González

Nº 90/2019 «La influencia del caso Puigdemont en la cooperación judicial penal europea»
Pablo Rivera Rodríguez

Nº 91/2020 «Trumping Climate Change: National and International Commitments
to Climate Change in the Trump Era»
Olivia Scotti

Nº 92/2020 «El impacto social de la innovación tecnológica en Europa»
Ricardo Palomo-Zurdo, Virginia Rey-Paredes, Milagros Gutiérrez-Fernández, Yakira Fernández-Torres

Nº 93/2020 «El Reglamento sobre la privacidad y las comunicaciones electrónicas,
la asignatura pendiente del Mercado Único Digital»
Ana Gascón Marcén

Nº 94/2020 «Referencias al tratamiento constitucional de la Unión Europea en algunos Estados Miembros»
Rafael Ripoll Navarro

Nº 95/2020 «La identidad europea, ¿en crisis? Reflexiones entorno a los valores comunes en un entorno de cambio»
Irene Correas Sosa

Nº 96/2020 «La configuración de un sistema de partidos propiamente europeo»
Luis Rodrigo de Castro

Nº 97/2020 «El Banco Asiático de Inversión en Infraestructura. La participación de Europa y de España»
Amadeo Jensana Tanehashi

Nº 98/2020 «Nuevas perspectivas en las relaciones entre la Unión Europea y China»
Georgina Higueras

Nº 99/2020 «Inversiones Unión Europea-China: ¿hacia una nueva era?»
Jerónimo Maillo y Javier Porras

Nº 100/2020 «40 años de reforma: el papel de China en la comunidad internacional»
Enrique Fanjul

Nº 101/2020 «A climate for change in the European Union. The current crisis implications for EU climate and energy policies»
Corina Popa

Nº 102/2020 «Aciertos y desafíos de la cooperación Sur-Sur. Estudio del caso de Cuba y Haití»
María Fernández Sánchez

Nº 103/2020 «El Derecho Internacional Humanitario después de la II Guerra Mundial»
Gonzalo del Cura Jiménez

Nº 104/2020 «Reframing the Response to Climate Refugees»
Alexander Grey Crutchfield

Nº 105/2021 «The Biden Condition: interpreting Treaty-Interpretation»
Jose M. de Areilza

Nº 106/2021 «¿Hacia la Corte Multilateral de Inversiones? El acuerdo de inversiones EU-China y sus consecuencias para el arbitraje»
José María Beneyto Pérez

Nº 107/2021 «El acuerdo de partenariado economico UE-Japon. Implicaciones para España»
Amadeo Jensana Tanehashi

Nº 108/2021 «El acuerdo con Reino Unido. Implicaciones para España»
Allan Francis Tatham

Nº 109/2021 «El «Comprehensive Economic and Trade Agreement» (CETA) con Canadá. Implicaciones para España»
Cristina Serrano Leal

Nº 110/2021 «Acuerdos comerciales UE de «Nueva Generación»: origen, rasgos y valoración»
Jerónimo Maillo

Nº 111/2021 «Europa en el mundo»
Emilio Lamo de Espinosa

Nº 112/2021 «A geostrategic rivalry: the Sino-Indian border dispute»
Eva María Pérez Vidal

Nº 113/2021 «The EU-China Digital Agenda and Connectivity»
Meri Beridze

Nº 114/2021 «Las mujeres en los conflictos y postconflictos armados: la Resolución 1325 de la ONU y su vigencia hoy»
Guadalupe Cavero Martínez

Nº 115/2021 «Tesla: estrategias de internacionalización y acceso al mercado en Brasil»
Carmen Salvo González

N° 116/2022 «Player or board game? In Search of Europe's Strategic Autonomy: The Need of a Common Digital Strategy of the European Union towards the People's Republic of China» Loreto Machés Blázquez

N° 117/2022 «La posición de la Unión Europea en el conflicto del Sáhara Occidental ¿Terminan los principios donde empiezan los intereses?» Elena Ruiz Giménez

N° 118/2022 «La defensa de los valores de la Unión Europea: La condicionalidad de los Fondos Europeos al estado de derecho» Alicia Arjona Hernández

N° 119/2022 «Medidas restrictivas en la Unión Europea: el nuevo régimen de sanciones contra las violaciones y abusos graves de los derechos humanos en el contexto internacional» Celia Fernández Castañeda

N° 120/2022 «La relación hispano-británica en materia de seguridad y defensa después del Brexit» Salvador Sánchez Tapia

N° 121/2022 «Oportunidades para la cooperación bilateral en la cultura, la educación y la investigación: Piedras angulares en las relaciones hispano-británicas después de Brexit» Allan F. Tatham

N° 122/2022 «*Building bridges*: cómo paliar los efectos del Brexit sobre los intercambios económicos bilaterales de España con el Reino Unido» Álvaro Anchuelo Crego

N° 123/2022 «Mobility issues for UK and Spanish nationals post Brexit» Catherine Barnard

N° 124/2022 «Derechos humanos y debida diligencia en las cadenas globales de suministro» Enrique Fanjul

N° 125/2022 «Sostenibilidad y Derecho Internacional de las inversiones: claves prácticas para Estados y empresas transnacionales» Francisco Pascual-Vives y Alberto Jiménez-Piernas García

N° 126/2022 «Derechos humanos y empresas, una agenda internacional en evolución» Sandra Galimberti Díaz-Faes

N° 127/2022 «El futuro de la Unión: una integración circunspecta» Pablo García-Berdoy

N° 128/2022 «El régimen internacional de no proliferación nuclear: ¿refundación o revisión crítica?» Ignacio Cartagena Núñez

N° 129/2022 «The Islamic State and Cultural Heritage: A two-track weaponization» María Gómez Landaburu

N° 130/2022 «La política de abastecimiento energético de la Unión Europea: Dependencia y vulnerabilidad ante la invasión rusa a Ucrania» Raúl Carrasco Contero

N° 131/2022 «El idioma español: situación actual y mirada al futuro. Un cambio de modelo» José Olábarri Azagra

N° 132/2022 «Rule of law conditionality mechanism: analysis of actors' interests» Carolina de Amuriza Chicharro

Nº 133/2022 «*Due diligence* y cambio climatico»
Lorena Sales Pallares y María Chiara Marullo

Nº 134/2023 «Debida diligencia corporativa en materia de derechos humanos y sostenibilidad:
¿riesgos u oportunidades?»
Francisco Pascual-Vives y Alberto Jiménez-Piernas García

Nº 135/2023 «Debida Diligencia en Derechos Humanos: en camino hacia la legalización»
Sandra Galimberti Díaz-Faes

Nº 136/2023 «Obligaciones de Debida Diligencia en cuestiones de sostenibilidad en el marco
de la Unión Europea: la perspectiva empresarial»
Enrique Fanjul

Nº 137/2023 «La Conferencia sobre el Futuro de Europa .Hacia una reforma de los Tratados?»
Inés Méndez de Vigo Pérez de Herrasti

Nº 138/2023 «The Assertiveness of the European Commission in the Enforcement of Fundamental Values:
The impact of the Russia-Ukraine War»
Andreína V. Hernández Ross

Nº 139/2023 «Transparencia y acceso a los documentos de las instituciones de la Union Europea durante
Procedimiento Legislativo Ordinario. Tratamiento por parte del Parlamento Europeo»
María García de Quevedo Ortiz

Nº 140/2023 «How China is Winning the "GO" Game in the Indian Ocean Region: An Analysis of Sri Lanka's
Policy Framing»
Carmen Rodríguez Escalada

Nº 141/2023 «La Orden Europea de Detención y Entrega como cristalización del progreso de la cooperación
judicial penal en Europa: el caso Puigdemont»
Ignacio Garcia Prieto

Nº 142/2024 «La cooperación tecnológica entre España y Corea del Sur»
Laia Anglada Porta

Nº 143/2024 «RT / Sputnik como herramientas de propagación de desinformación de la política exterior rusa»
Lorena Méndez Vázquez

Nº 144/2024 «Política de ampliación: la reunificación pacífica de Europa de los padres fundadores»
Francisco Aldecoa Luzárraga

Nº 145/2024 «Ampliación: un elemento geoestratégico en el contexto de la guerra de Ucrania»
Elisa Uría

Nº 146/2024 «Retos de la futura ampliación para el funcionamiento de la Unión Europea»
M. Mercedes Guinea Llorente

Nº 147/2025 «Democratization or Coexistence? Inside Africa's Last Colony»
Alejandro Trujillo Suárez

Nº 148/2025 « The political and international stakes of major sporting competitions – Is sport a source of
diplomacy and how can it impact the relations between states?»
Adèle Namias

Serie Política de la Competencia y Regulación

Nº 1/2001   «El control de concentraciones en España: un nuevo marco legislativo para las empresas»
José María Beneyto

Nº 2/2001   «Análisis de los efectos económicos y sobre la competencia de la concentración Endesa-Iberdrola»
Luis Atienza, Javier de Quinto y Richard Watt

Nº 3/2001   «Empresas en Participación concentrativas y artículo 81 del Tratado CE: Dos años de aplicación del artículo 2(4) del Reglamento CE de control de las operaciones de concentración»
Jerónimo Maíllo González-Orús

Nº 1/2002   «Cinco años de aplicación de la Comunicación de 1996 relativa a la no imposición de multas o a la reducción de su importe en los asuntos relacionados con los acuerdos entre empresas»
Miguel Ángel Peña Castellot

Nº 1/2002   «Leniency: la política de exoneración del pago de multas en derecho de la competencia»
Santiago Illundaín Fontoya

Nº 3/2002   «Dominancia vs. disminución sustancial de la competencia ¿cuál es el criterio más apropiado?: aspectos jurídicos»
Mercedes García Pérez

Nº 4/2002   «Test de dominancia vs. test de reducción de la competencia: aspectos económicos»
Juan Briones Alonso

Nº 5/2002   «Telecomunicaciones en España: situación actual y perspectivas»
Bernardo Pérez de León Ponce

Nº 6/2002   «El nuevo marco regulatorio europeo de las telecomunicaciones»
Jerónimo González González y Beatriz Sanz Fernández-Vega

Nº 1/2003   «Some Simple Graphical Interpretations of the Herfindahl-Hirshman Index and their Implications»
Richard Watt y Javier De Quinto

Nº 2/2003   «La Acción de Oro o las privatizaciones en un Mercado Único»
Pablo Siegrist Ridruejo, Jesús Lavalle Merchán y Emilia Gargallo González

Nº 3/2003   «El control comunitario de concentraciones de empresas y la invocación de intereses nacionales. Crítica del artículo 21.3 del Reglamento 4064/89»
Pablo Berenguer O´Shea y Vanessa Pérez Lamas

Nº 1/2004   «Los puntos de conexión en la Ley 1/2002 de 21 de febrero de coordinación de las competencias del Estado y las Comunidades Autónomas en materia de defensa de la competencia»
Lucana Estévez Mendoza

Nº 2/2004   «Los impuestos autonómicos sobre los grandes establecimientos comerciales como ayuda de Estado ilícita ex art. 87 TCE»
Francisco Marcos

Nº 1/2005   «Servicios de Interés General y Artículo 86 del Tratado CE: Una Visión Evolutiva»
Jerónimo Maillo González-Orús

Nº 2/2005   «La evaluación de los registros de morosos por el Tribunal de Defensa de la Competencia»
Alfonso Rincón García Loygorri

Nº 3/2005   «El código de conducta en materia de fiscalidad de las empresas y su relación con el régimen
             comunitario de ayudas de Estado»
             Alfonso Lamadrid de Pablo

Nº 18/2006   «Régimen sancionador y clemencia: comentarios al título quinto del anteproyecto
             de la ley de defensa de la competencia»
             Miguel Ángel Peña Castellot

Nº 19/2006   «Un nuevo marco institucional en la defensa de la competencia en España»
             Carlos Padrós Reig

Nº 20/2006   «Las ayudas públicas y la actividad normativa de los poderes públicos en el anteproyecto de ley
             de defensa de la competencia de 2006»
             Juan Arpio Santacruz

Nº 21/2006   «La intervención del Gobierno en el control de concentraciones económicas»
             Albert Sánchez Graells

Nº 22/2006   «La descentralización administrativa de la aplicación del Derecho de la competencia en España»
             José Antonio Rodríguez Miguez

Nº 23/2007   «Aplicación por los jueces nacionales de la legislación en materia de competencia
             en el Proyecto de Ley»
             Juan Manuel Fernández López

Nº 24/2007   «El tratamiento de las restricciones públicas a la competencia»
             Francisco Marcos Fernández

Nº 25/2008   «Merger Control in the Pharmaceutical Sector and the Innovation Market Assessment. European
             Analysis in Practice and differences with the American Approach»
             Teresa Lorca Morales

Nº 26/2008   «Separación de actividades en el sector eléctrico»
             Joaquín Mª Nebreda Pérez

Nº 27/2008   «Arbitraje y defensa de la competencia»
             Antonio Creus Carreras y Josep Maria Juliá Insenser

Nº 28/2008   «El procedimiento de control de concentraciones y la supervisión por organismos reguladores
             de las Ofertas Públicas de Adquisición»
             Francisco Marcos Fernández

Nº 29/2009   «Intervención pública en momentos de crisis: el derecho de ayudas de Estado aplicado
             a la intervención pública directa en las empresas»
             Pedro Callol y Jorge Manzarbeitia

Nº 30/2010   «Understanding China's Competition Law & Policy: Merger Control as a Case Study»
             Jeronimo Maillo

Nº 31/2012   «Autoridades autonómicas de defensa de la competencia en vías de extinción»
             Francisco Marcos

Nº 32/2013   «¿Qué es un cártel para la CNC?»
             Alfonso Rincón García-Loygorri

Nº 33/2013   «Tipología de cárteles duros. Un estudio de los casos resueltos por la CNC»
             Justo Corti Varela

Nº 34/2013   «Autoridades responsables de la lucha contra los cárteles en España y la Unión Europea»
José Antonio Rodríguez Miguez

Nº 35/2013   «Una revisión de la literatura económica sobre el funcionamiento interno de los cárteles y sus efectos económicos»
María Jesús Arroyo Fernández y Begoña Blasco Torrejón

Nº 36/2013   «Poderes de Investigación de la Comisión Nacional de la Competencia»
Alberto Escudero

Nº 37/2013   «Screening de la autoridad de competencia: mejores prácticas internacionales»
María Jesús Arroyo Fernández y Begoña Blasco Torrejón

Nº 38/2013   «Objetividad, predictibilidad y determinación normativa. Los poderes normativos *ad extra* de las autoridades de defensa de la competencia en el control de los cárteles»
Carlos Padrós Reig

Nº 39/2013   «La revisión jurisdiccional de los expedientes sancionadores de cárteles»
Fernando Díez Estella

Nº 40/2013   «Programas de recompensas para luchar contra los cárteles en Europa: una comparativa con terceros países»
Jerónimo Maíllo González-Orús

Nº 41/2014   «La Criminalización de los Cárteles en la Unión Europea»
Amparo Lozano Maneiro

Nº 42/2014   «Posibilidad de sancionar penalmente los cárteles en España, tanto en el presente como en el futuro»
Álvaro Mendo Estrella

Nº 43/2014   «La criminalización de los hardcore cartels: reflexiones a partir de la experiencia de EE. UU. y Reino Unido»
María Gutiérrez Rodríguez

Nº 44/2014   «La escasez de acciones de daños y perjuicios derivadas de ilícitos antitrust en España, ¿Por qué?»
Fernando Díez Estella

Nº 45/2014   «Cuantificación de daños de los cárteles duros. Una visión económica»
Rodolfo Ramos Melero

Nº 46/2014   «El procedimiento sancionador en materia de cárteles»
Alfonso Lamadrid de Pablo y José Luis Buendía Sierra

Nº 47/2014   «Japanese Cartel Control in Transition»
Mel Marquis and Tadashi Shiraishi

Nº 48/2015   «Una evaluación económica de la revisión judicial de las sanciones impuestas por la CNMC por infracciones anticompetitivas»
Javier García-Verdugo

Nº 49/2015   «The role of tax incentives on the energy sector under the Climate Change's challenges Pasquale Pistone»
Iñaki Bilbao

Nº 50/2015   «Energy taxation and key legal concepts in the EU State aid context: looking for a common understanding»
Marta Villar Ezcurra and Pernille Wegener Jessen

Nº 51/2015   «Energy taxation and key legal concepts in the EU State aid context: looking for a common understanding Energy Tax Incentives and the GBER regime»
Joachim English

Nº 52/2016   «The Role of the Polluter Pays Principle and others Key Legal Principles in Energy Taxes, on an State aid Context»
José A. Rozas

Nº 53/2016   «EU Energy Taxation System & State Aid Control Critical Analysis from Competitiveness and Environmental Protection Objectives»
Jerónimo Maillo, Edoardo Traversa, Justo Corti and Alice Pirlot

Nº 54/2016   «Energy Taxation and State Aids: Analysis of Comparative Law»
Marta Villar Ezcurra and Janet Milne

Nº 55/2016   «Case-Law on the Control of Energy Taxes and Tax Reliefs under European Union Law»
Álvaro del Blanco, Lorenzo del Federico, Cristina García Herrera, Concetta Ricci, Caterina Verrigni and Silvia Giorgi

Nº 56/2017   «El modelo de negocio de Uber y el sector del transporte urbano de viajeros: implicaciones en materia de competencia»
Ana Goizueta Zubimendi

Nº 57/2017   «EU Cartel Settlement procedure: an assessment of its results 10 years later»
Jerónimo Maillo

Nº 58/2019   «Quo Vadis Global Governance? Assessing China and EU Relations in the New Global Economic Order»
Julia Kreienkamp and Dr Tom Pegram

Nº 59/2019   «From Source-oriented to Residence-oriented: China's International Tax Law Reshaped by BRI?»
Jie Wang

Nº 60/2020   «The EU-China trade partnership from a European tax perspective»
Elena Masseglia Miszczyszyn, Marie Lamensch, Edoardo Traversa y Marta Villar Ezcurra

Nº 61/2020   «A Study on China's Measures for the Decoupling of the Economic Growth and the Carbon Emission»
Rao Lei, Gao Min

Nº 62/2020   «The global climate governance: a comparative study between the EU and China»
Cao Hui

Nº 63/2020   «The evolvement of China-EU cooperation on climate change and its new opportunities under the European Green Deal»
Zhang Min and Gong Jialuo

Nº 64/2024   «The new EU Foreign Subsidies Regulation»
Luigi Gaetano Pezzotti Picoli

Nº 65/2024   «Artificial Intelligence and European Competition Law
(Inteligencia Artificial y Derecho Europeo de la Competencia)»
Claudia del Olmo Van Woerkom

Nº 66/2025   «La evolución de los mercados de electricidad y el papel de los consumidores con un enfoque en la respuesta de la demanda»
Yusuf Ercan Özercan

Nº 67/2025   «Gobernanza y retos globales asociados con la tarificación del carbono en sectores estratégicos»
Javier Porras Belarra